주식회사 르브론 제임스

주식회사 르브론 제임스

억만장자 운동선수의 탄생

브라이언 윈드호르스트 지음 | 대니얼 김 옮김

사람의집

사람의집은 열린책들의 브랜드입니다.
시대의 가치는 변해도 사람의 가치는 변하지 않습니다.
사람의집은 우리가 집중해야 할 사람의 가치를 담습니다.

일러두기
이 책의 각주에서, 원주는 설명 뒤에 〈원주〉로 표시했고, 옮긴이주는 따로 표시하지 않았다.

이 책은 실로 꿰매어 제본하는 정통적인 사철 방식으로 만들어졌습니다.
사철 방식으로 제본된 책은 오랫동안 보관해도 손상되지 않습니다.

데인을 위하여

차례

프로 농구 팀과 고등학교 농구 팀은 본질적으로 크게 다르지 않다.

둘 다 경기 출전 시간 혹은 누가 슛을 더 많이 쏠지 등과 같은 팀 내 역할을 놓고 치열하게 경쟁한다. 누군가는 코치를 좋아하기도 하고 누군가는 코치를 싫어하기도 한다. 이들에게 행복한 순간은 동료애와 팀워크, 우승에서 비롯된다. 하지만 NBA가 지구상 다른 모든 경기와 구분되는 가장 큰 차이점이 있다.

그것은 바로 돈이다.

1
〈아니요〉라고 말할 수 있는 용기

사람들은 나에게 르브론 제임스의 가장 인상 깊은 점이 무엇인지 종종 묻곤 했다. 그 질문에 어떻게 대답해야 할지 몰라 오랫동안 고민했다. 수많은 생각 끝에, 그의 비밀을 드러낼 답을 찾아냈다.

내가 르브론을 처음 만난 것은 1999년 어느 날이다. 당시 열네 살이던 그는 약간 앳된 얼굴의 평범한 소년이었지만, 언젠가 덩치 큰 성인이 될 거라는 것을 어느 정도 짐작할 수 있었다. 팔이 길고 발은 컸지만 아직 면도는 필요 없어 보였다. 당시 르브론의 팀 동료였고, 지금은 그의 가장 친한 친구 중 하나인 매버릭 카터는 르브론이 세인트빈센트세인트메리 고등학교에 입학한 가을, 그의 키가 180센티미터를 살짝 넘겼다고 말했다. 내가 생각하기에는 르브론이 그것보다 조금 더 컸던 것 같지만, 우리 모두 정확히 기억하고 있는 한 가지는 다음 해 봄 무렵 그가 193센티미터까지 자라 있었고 미국 주(州) 농구 토너먼트 경기[1]를 매번

1 미국 고등학교 농구는 주마다 다양한 토너먼트가 이루어진다.

매진시키며 코트를 누볐다는 것이다.

그를 처음 보면 많은 사람이 커다란 덩치에 놀라곤 한다. 그가 전국적으로 매스컴을 타기 전에는 더욱 그랬다. 그것은 실제로 르브론에 대해 인상 깊은 점 중 한 가지라고 할 수 있다. 그는 203센티미터의 키에 130킬로그램의 몸무게로, 체격 좋은 NBA 선수 중에서도 월등하다. 르브론이 열일곱 살에 함께했던 그의 첫 운동 코치는 십 대의 몸으로 르브론과 같은 근육량을 가진 사람은 본 적이 없다고 말했다. 그는 빠르게 근육을 키웠다. NBA에 입단한 첫해, 당시 열여덟 살에 110킬로그램의 몸무게로 웬만한 NBA 선수들에게 밀리지 않았을 뿐만 아니라, 경기마다 NBA 성인 선수들을 쥐락펴락했다.

2006년 플레이오프 경기에서 르브론은 발목을 접질려 한 시간 이상 훈련실에서 치료받아야 했다. 다들 그가 다음 경기를 뛰지 못할 거라 예상하고 있었다. 나는 당시 클리블랜드 캐벌리어스 팀 동료였던 래리 휴스에게 르브론이 걱정하고 있는지 물었더니 그가 되물었다. 「아니, 전혀. 그의 발목 본 적 있어?」 그의 발목 사이즈는 보통 사람들의 어깨 정도 되었다.

한번은 그가 마이애미 팀에서 뛸 때 한 플레이오프 경기가 끝난 후 몸무게가 3킬로그램 정도 늘었다. 보통 다른 선수들은 경기 후 몸무게가 줄어들기 때문에, 이 점이 도무지 이해가 되지 않았다. 르브론 역시 〈모르겠어요. 하프 타임 때 단백질 바 조금 먹고 물을 많이 마신 것밖에 없어요〉라는 설명 외에는 이유를 알지 못했다.

농구에 대한 센스도 이야기해야 할 것이다. 그는 팀원들에게 정확한 패스가 가능한 각도를 파악하고 그것을 만들어 낼 줄 아는 환상적인 패스 전문가다. 그는 사실 왼손잡이인데 농구할 때는 오른손을 사용하기 때문에 NBA에서 몇 안 되는 양손잡이 선수다. 이 점이 바로 그를 최고의 패스 전문가이자 최고의 득점왕으로 만들었다.

기억력 또한 중요한 역할을 한다. 2018년 플레이오프 경기 후 르브론은 기자 회견에서 경기 마지막 2분 동안 벌어진 일을 세세히 기억하고 설명해 기자들이 놀라움을 금치 못하고 박수를 보낸 일화가 있다. 다른 사람들은 알지 못하는 10여 년 전 경기들도 자세하게 설명할 정도다. 마이애미 히트의 팀 동료였던 크리스 보시는 그의 기억력에 대해 이렇게 말했다. 「언젠가 다 같이 미식축구[2] 경기를 보고 있었는데, 그는 모든 출전 선수가 어느 대학 출신인지 알고 있었어요. 심지어 벤치에 앉아 있는 선수들까지요.」

물론 그는 근면하며 스피드와 지구력도 뛰어나다. 지금까지 말한 이 모든 것이 NBA 최고 농구 선수를 만들어 냈다. 하지만 이런 점들이 적어도 나로서는 그의 가장 인상적인 점이라고 말할 수 없다.

르브론에 대해 가장 인상 깊은 점을 한 가지 꼽으라면 바로 〈통찰력〉일 것이다.

2 미국 미식축구는 공격, 수비, 스페셜 팀으로 나뉘며 팀마다 11명씩 필드에서 뛰기 때문에 대부분 한 경기에 30명 이상의 선수가 출전한다.

개인적으로 나는 르브론 레이몬 제임스보다 통찰력을 가진 사람을 아직 보지 못했다. 경기할 때면 그는 모든 상황을 인식하고 2, 3단계 앞을 미리 읽어 낼 줄 안다. 팀 동료가 어디로 갈지 예상하고 패스하거나 선수들이 선호하는 슈팅 위치를 고려해 공을 정확히 패스하고, 심지어 상대 팀 선수의 공격 위치를 먼저 파악해 방어할 때면 다시 한 번 그의 통찰력에 감탄한다.

그의 통찰력이 최고로 진가를 발휘한 순간은 아마 2016년 파이널 7차전 2분도 남지 않은 상황에서 안드레이 이궈달라의 속공 레이업을 블로킹했을 때일 것이다. 르브론은 블로킹하기 위해 점프할 당시 두 손을 모두 올렸다. 이궈달라가 리버스 레이업[3]을 좋아하는 선수라는 것을 알고 양방향을 모두 커버할 수 있도록 양손을 올린 것이다. 다만 내가 말하려는 통찰력은 이뿐만이 아니다.

르브론은 같은 공간에 누가 있는지, 자신이 어떤 상황에 처했는지, 또 과거 어떤 일이 일어났는지 등을 놀랍도록 잘 파악한다. 그는 다른 팀의 경기를 보면서 다음 플레이와 결과를 예측할 수 있고, 자신을 위기에 빠뜨리려는 기자들의 질문을 잘 파악할 줄 알며, 팀 동료들이 무슨 얘기를 하는지 다 알고 있다. 조금 과장돼 보일 수도 있겠지만 그것이 사실이고, 그가 지금까지 살아온 방법이다.

그의 통찰력은 경기뿐만 아니라 삶 전반에 많은 영향을 끼쳤다. 본인이 알지 못하는 것이 무엇인지, 그에 대해 어떤 이에게

3 수비를 속이기 위해 골대 반대편으로 점프해서 쏘는 레이업 숏.

어떻게 도움을 받아야 하는지, 어떠한 사람이 본인에게 필요하고 어떠한 이가 자신을 이용하려 하는지 잘 파악하고 있다. 약아 보일 수 있지만, 사실이다. 또한 자신의 인기와 명성을 통해 다양한 회사와 새로운 비즈니스를 일으킬 줄 알고, 자선 사업을 할 때도 본인의 돈 대신 회사들의 후원을 받아 성공시키는 방법을 알고 있다.

물론 그에게 결점이 없다는 것은 아니다. 누구나 그렇듯이 그 역시 많은 실수를 해왔다. 하지만 그의 통찰력은 그러한 실수들에 따른 충격을 완화시키는 역할을 했고, 또한 그 실수를 바탕으로 한 걸음 더 나아갈 수 있는 배움의 순간을 만들어 냈다.

타고난 통찰력은 그가 자신의 인생에서 가장 중요한 결정 중 하나였다고 여기는 계약을 체결하는 데 결정적 역할을 했다. 2003년 5월 어느 목요일 밤, 고등학교 3학년 때 일이다. 매사추세츠주 캔턴에 있는 대회의실에 한 남자가 르브론 제임스의 이름이 적힌 1천만 달러 수표를 들고 앉아 있었다.

수년이 지나 이제는 회의실 안에 있던 사람들에게 그날 일들이 점점 희미해지고 있다. 르브론은 리복에서 가장 영향력 있는 폴 파이어먼이 그 자리에서 가계 수표를 작성했다고 하는 반면, 르브론의 에이전트는 이미 수표가 발행되어 봉투에 들어 있었다고 말한다.

하지만 그들이 절대 잊지 못하는 한 가지 사실은 아무것도 없이 빈민가에서 자란 열여덟 살 흑인 소년이 어마어마한 금액의 수표를 거절했다는 것이다. 그는 총 1억 달러의 가치가 있는 계약과 함께 당장 그다음 날 그가 은행에서 현찰로 바꿀 수 있는 1천만 달러가 적힌 수표를 단번에 거절했다. 르브론에 대해 공부를 많이 한 리복 경영진은 미팅에 반드시 르브론의 어머니 글로리아 제임스가 참석하도록 했음에도 말이다. 당시 르브론은 그 엄청난 금액의 수표를 보자마자 여러 가지 생각이 스쳤다고 한다.

자신의 손바닥 위에 놓여 있는 여덟 자리 숫자의 수표를 보며 가장 먼저 떠오른 생각은 지금 살고 있는 오하이오주 애크런의 정부 지원 아파트 임대료가 17달러라는 것이었다. 어린 시절 르브론 가족은 〈맨 아래〉라는 별명을 가진 골짜기 같은 곳에서 산 적이 있는데, 그는 골짜기 위 언덕에 올라가는 것을 두려워했다고 한다. 언덕에는 〈엘리자베스 공원〉이라는 별명이 붙은 저소득층 주택 단지가 있었는데, 폭력의 중심지였기에 멀리해야 했다. 집 주변에서 종종 총소리를 듣기도 하고, 칼에 찔린 사람들을 보기도 했다고 한다. 어린 시절 그는 자신이 그저 저소득층 통계에나 들어갈 법한 한 명의 흑인 아이일 뿐, 지금 위치에 있으리라고 상상도 할 수 없었다.

주택 단지 위에는 두 도시를 Y자로 가르는 긴 대교가 있었는데, 그중 하나는 정신 병원으로 이어졌다. 수십 년 동안 다리의 울타리가 낮아 쉽게 넘어갈 수 있었는데, 엘리자베스 공원과 같이 그 대교는 〈자살 대교〉라는 별명이 붙어 있었다. 대교 밑에서 놀던 아이들은 다리 위에서 사람이 뛰어내리는 것을 종종 목격하기도 했다.

두 번째로 든 생각은 나이키, 아디다스와의 계약 미팅이었다. 리복과의 만남은 그의 신발 계약을 위한 첫 번째 미팅이었다. 몇 주 전 르브론 제임스가 NBA로 가겠다고 공식적으로 선언한 뒤, 리복이 다른 스포츠 브랜드보다 먼저 미팅을 잡았다. 그들은 르브론이 하교하자마자 곧바로 데려가기 위해 전용 비행기까지 보냈다. 르브론은 그다음 날 아디다스와 미팅을 위해 로스앤젤레스로 가기로 되어 있었고, 그다음 주에는 나이키를 방문하기 위해 포틀랜드로 가기로 되어 있었다.

하지만 리복은 르브론이 모든 미팅을 취소하고, 그 자리에서 바로 자신들과 계약하기를 원했다. 리복은 그에게 최고의 대우를 해준다는 것을 보여 주기 위해 여태껏 그 어느 농구 선수에게도 제안하지 않았던 특별한 조건을 제시한 것이다.

이것은 윌 스미스에서 50센트, 그리고 나스까지 수십 명의 아티스트를 키워 낸 음악 산업의 대가 스티브 스타우트의 아이디어였다. 당시 리복의 여러 계약을 성사시킨 스티브가 재능은 있지만 가난하게 자란 십 대들을 상대로 소위 가장 잘 먹힐 방법을 파이어먼에게 추천한 것이다. 그의 전략은 바로 거액의 돈을 보여 주며 그 자리에서 계약을 맺는 것이었다. (거액의 돈을 처음 본 가난하지만 재능이 넘쳐나는 협상 신출내기들은 눈이 휘둥그레지며 계약서에 서명할 수밖에 없다는 것이다.) 르브론을 만나기 몇 달 전 리복이 래퍼 제이지의 첫 번째 시그니처 신발을 위한 계약을 성사시키는 데도 스타우트가 도움을 주었다.

「음반 업계에서는 이런 일이 흔해요. 원하는 것을 선물로 주면 그들은 계약에 동의하죠.」 스타우트는 말했다.「우리가 제시한 금액은 적은 돈이 아니었고, 그가 원하는 조건을 제시했어요. 르브론 제임스는 그것들을 좋아했고, 협상 미팅도 잡았기 때문에 우리에겐 유리한 상황이었지요. 그가 원하는 돈을 바로 주면 제안을 받아들일 거라고 생각했어요.」

리복의 경영진은 르브론이 잠시 생각할 시간을 갖도록 회의실 밖으로 나가면서 말했다. 이것은 어마어마한 제안이며, 그들이 제시한 계약 조건을 지금 받아들인다면 당장 천만 달러의 수표를 추가로 얻을 수 있지만, 만약 지금 이 제안을 받아들이지 않고 회의실을 떠난다면 그 여덟 자리 숫자가 적힌 수표 또한 사라질 거라고. 어떤 이는 르브론이 그 조건을 거절한 것이 참 대단했다고 말하지만, 어떤 이는 너무나 섣부른 판단이었다고 말한다. 어린 르브론 곁에는 여러 조언을 해줄 경험이 풍부한 에이전트 에런 굿윈이 있었지만, 만약 그 조건을 받아들였다 하더라도 그를 탓할 사람은 없었을 것이다. 나이키와 아디다스조차 그 소식을 들었다면 충분히 이해했을 것이다. 그만큼 엄청난 제안이었다.

하지만 열여덟 살의 르브론에게는 앞을 내다보는 통찰력이 있었다.

「저는 그 방에서 박수를 쳤어요.」 스티브는 말했다.「파이어먼은 믿지 못했어요. 그로선 도저히 이해가 되지 않았던 거지요. 이전에는 볼 수 없었던 일이니까요. 저는 존경심에 손뼉을 쳤어요. 이제 막 성공의 길에 들어서려는 빈민가 출신 어린 흑인 프로 선수들과 수년간 함께해온 저로서는 르브론이 그날 그 엄청난 돈을 거절했을 때 이런 아이가 나타날 수 있다는 사실에 감탄을 금할 수 없었어요. 정말 대단하다고 생각했어요. 그는 엄청난 금액을 거절하고도 다음 날 평소와 같이 등교했단 말 이죠!」

「앞을 내다봐야 해요.」 몇 년 뒤 르브론이 나에게 말했다. 「내 인생에서 제일 중요한 거래였어요. 수표에 쓰여 있는 금액만 생 각하면 안 돼요. 앞을 내다봐야죠. 항상 크게 생각해야 해요.」

그런 통찰력이 이 이야기의 근간이다. 이 책에서는 르브론의 유일무이한 선수 생활과 비슷한 선로를 병행해 달린 그의 비지 니스 여정을 기록하려고 한다. 그의 선수 시절과 마찬가지로 그 의 비즈니스는 엄청난 승리와 초라한 패배를 맛보았기 때문이 다. 그의 비즈니스 실패는 농구 결승전의 패배만큼이나 아픈 고 통을 안겨 주었다. 그러나 알려지지 않았지만 그가 우승한 순간 들 못지않게 만족감을 느꼈을 비즈니스 업적도 있다. 이 책은 그 양면을 상세히 알려 주려고 한다.

어떻게 보면 르브론의 사업은 이제 시작에 불과하다. 그는 은 퇴 후 40년을 벌써 계획하고 있다. 그와 그의 가족, 친구 및 비즈 니스 파트너들은 지금까지 이룬 일보다 훨씬 거대한 계획을 가 지고 있다. 그는 억만장자가 되기 위해 걸어가고 있으며 단순히 돈을 세는 단계를 지나 소매업 사업체와 지적 재산권을 소유하 고 스포츠 구단의 지분을 소유하며 다양한 영향력을 펼치고 있다.

그가 어떻게 여기까지 왔는지 돌이켜보면 놀라운 이야기가 많다. 이제 그 모든 것을 알게 될 것이다.

2
수금원

2001년 7월, 뉴저지주 해컨색의 작은 대학교 체육관 앞에서 담배를 피우던 한 여성에게 내가 라스베이거스 농구 캠프에 대해 물어봤을 때 그녀는 활짝 웃었다. 그녀는 바로 르브론 제임스의 엄마 글로리아 제임스였다. 그녀와 이런저런 이야기를 나눴다. 그곳에선 당시 십 대 농구 선수들이 실력을 마음껏 뽐낼 수 있는 아디다스 ABCD 농구 캠프가 열리고 있었고, 르브론도 그 캠프에 참여하고 있었다.

르브론은 토너먼트 경기가 끝나면 라스베이거스로 날아갈 예정이었고, 글로리아도 같이 갈 거라고 했다. 그녀와 나는 사람들이 가득 차 덥고 답답한 체육관 안보다는 차라리 태양 아래가 낫다고 생각해 밖으로 나와 있었다. 나는 (라스베이거스의) 슬롯머신에 대한 조크를 던졌고, 그녀는 〈브라이언, 나는 돈이 하나도 없어요. 5센트도 넣지 않을 거예요〉라고 답했다.

2001년 여름은 고등학교 농구 선수에게 아주 중요한 시기였다. 그해 6월 NBA는 드래프트에서 훌륭한 고등학생 선수를 발굴하려고 혈안이 되어 있었다. 1995년에 케빈 가넷, 그다음 해에 고(故) 코비 브라이언트가 이런 식으로 발굴된 후 여러 해 동안 이러한 움직임을 보여 왔기 때문이다. 결국 두 선수 모두 슈퍼스타가 되었고, NBA는 유망주 고등학생을 더 발굴하고 싶어 했다. 그 결과 2001년 TOP 8 드래프트 선수 중 네 명이 고등학교를 갓 졸업한 선수로 채워졌다. 콰메 브라운은 그해 역사상 처음 고등학생으로서 드래프트 1순위 선수가 되었다. 따라서 NBA 팀 스카우트 담당자들은 아디다스 ABCD 농구 캠프에 몰려들었고, 갑자기 등장한 새로운 경쟁자들에 대학 농구 코치들은 눈살을 찌푸리기도 했다.

몇 개월 전, 당시 노스캐롤라이나 대학교 코치였던 맷 도허티는 유망주 드사가나 디오프가 고등학교 졸업 후 곧장 NBA로 진출하는 것을 막으려 했다. 그는 디오프가 다니는 버지니아주의 오크힐 아카데미 고등학교를 찾아가 NBA 드래프트 1라운드[4]에 뽑힌 선수들의 연봉을 보여 줬다. 당시 디오프는 자신이 1라운드에서 거의 마지막에 뽑힐 것으로 예상하고 있었다. 도허티는 자기 대학교에서 1년간 뛰고 내년에 1라운드 상위권에 선발되어 프로 농구 팀에 입단할 때의 연봉을 비교하며 보여 주었다.

합리적인 제안이었다. 그 전해에 나 또한 디오프를 찾아가 이야기를 나눈 적이 있는데, 디오프는 자신이 아직 프로 리그에서

---

4 NBA 드래프트는 1, 2라운드로 나뉘는데, 30개 팀이 라운드당 한 명씩 뽑을 수 있는 권리를 가지고 있다.

뛸 수 있을지 확신이 없었다. 그러나 도허티가 직접 보여 준 연봉 리스트를 보니 1라운드의 마지막으로 뽑힌 선수도 연봉이 3년간 보장되고, 매년 거의 백만 달러를 받을 수 있을 거라는 계산이 나왔다. 세네갈에서 이민 온 자신이 그런 돈을 벌 수 있을 거라고는 꿈에도 상상하지 못했기에 그는 바로 드래프트에 참가하기로 결정했다(그해 그는 모든 사람의 예상을 뒤엎고 1라운드에서 8순위에 뽑혔으며 첫 시즌에 180만 달러를 받았다).

그래서 대학 팀 코치들과 NBA 팀 스카우트 담당자들은 서로 팔꿈치가 맞닿을 정도로 ABCD 캠프에 몰려들었다. 당시는, NBA 규정에 따라 NBA 팀 스카우트 담당자들은 어린 선수들을 지켜볼 수는 있지만 직접 이야기를 나눌 수 없었고, 대학 코치들은 대학 농구(NCAA) 규정에 따라 선수들과 대화는 할 수 있지만 선수들의 이름을 언론에 언급할 수 없는, 아주 기괴한 시절이었다. 그때 무럭무럭 성장하던 열여섯 살 르브론은 3일 연속 멋진 쇼를 보여 주었다. 그보다 나이 많은 선수들을 능가하는 실력이었다. 당시 유명했던 루이빌 대학교 코치 릭 피티노[5]는 (르브론의 이름은 직접 언급하지 않으면서) 그가 NBA의 스타가 될 거라고 텔레비전 카메라 앞에서 말할 정도였다.

한편, 퓰리처상을 수상한 적 있는 『뉴욕 타임스』의 아이라 버코도 캠프를 직접 방문해 르브론의 경기를 반나절 정도 보고 간

---

5 1974년부터 대학 코치 생활을 시작한 릭 피티노는 2017년까지 최고의 대학 농구 코치로 유명했으나 FBI 조사를 통해 그가 선수 영입을 위해 선수와 가족들에게 뇌물 지불, 선수에게 파티 제공 등의 행위를 한 것이 밝혀져 해고되었다.

적이 있었다. 다음 날 그는 『뉴욕 타임스』에 르브론이 고등학교 2학년 때부터 NBA에서 뛸 수 있을 거라고 기고해, 르브론은 전국적으로 스포트라이트를 받으며 센세이션을 일으켰다. 또 아마추어 농구의 레전드이자 마이클 조던을 나이키로, 코비 브라이언트를 아디다스로 영입시켰던 서니 바카로는 캠프에서 함께 경기를 보며 그해 NBA 드래프트에 뽑혔던 여느 열여덟 살 선수들보다 르브론이 훨씬 더 뛰어나다고 내게 말했다.

바카로의 이러한 칭찬은 어쩌면 당연했다. 그는 르브론이 머리부터 발끝까지 아디다스를 두르고 경기에 뛸 수 있도록 그의 고등학교 팀과 아디다스 간에 계약을 체결했고, 이 밖에도 르브론을 아디다스로 데려가기 위해 이미 많은 노력을 기울이고 있었기 때문이다. 1학년 당시, 르브론은 원하던 23번을 단 유니폼을 입을 수 없었다. 그때만 해도 학교에서 유니폼을 3년에 한 번씩 구매했는데, 짝수 번호가 찍힌 유니폼만 남아 있었기 때문이다. 하지만 그가 고등학교 졸업반이 되었을 땐, 아디다스 후원으로 열두 가지 이상의 유니폼을 선택해 입을 수 있었고, 그는 매 경기 새로운 아디다스 신발을 마음껏 신고 뛸 수 있었다. 결론적으로 바카로가 맞았다. 그는 그 어떤 선수보다 뛰어났다.

사람들은 르브론이 언젠가 NBA로 가리라는 것을 익히 잘 알고 있었지만, 경기를 직접 보자 곧 직면할 상황이 좀 더 확실하게 그려졌다. 르브론은 굳이 대학 농구 팀으로 갈 필요가 없다는 것이 확실해졌고, 늘 새로운 모델을 찾아 나서는 스포츠 업계에서는 르브론을 다음 타깃으로 삼았다. 스포츠 업체들은 가능한 한 일찍 스타를 발굴해 그 스타와 좋은 관계를 발전시키며 다른 경쟁자들을 〈박스 아웃〉[6]시키고 그와 좀 더 합리적인 가격에 계약이 성사되기를 바란다. 리복의 스티브 스타우트가 말했듯이, 젊은 농구 선수는 이런 면에서 젊은 음악 아티스트와 비슷하다. 그러나 음반 업계는 나이와 관계없이 젊은 인재를 찾아내 계약하고 경쟁자가 기회를 얻지 못하게 할 수 있는 반면, 스포츠 업계는 대학 농구 규정에 따라 대학교로 진학한 어린 선수들이 졸업할 때까지 기다려야 한다. 이렇게 시간이 흐를수록 타깃은 더 명확해지고 이들의 판돈과 경쟁은 더욱 치열해진다. 그래서 농구계에서는 일찍 타깃을 발굴하고 관계를 발전시키는 것이 다른 업계보다 더 중요하다.

이런 상황은 양쪽 모두에게 큰 부담이 된다. 어린 선수들은 매 경기 본인을 어필해야 한다는 부담감을 안고 뛸 수밖에 없다. 르브론은 농구계를 뒤흔들 몇 안 되는 선수가 확실했지만, 실력을 계속 유지해야 하는 것도 사실이었다. 만약 열여섯 살인 그가 수백만 달러 계약을 체결할 권리를 가졌다면 이야기는 달라졌을 것이다. 하지만 그는 합법적으로 프로 선수가 되려면 2년을 더 기다려야 했고, 2년 동안 그 앞에 어떠한 일이 펼쳐질지 아무도 알 수 없었다. 르브론은 최고의 지도자, 경기, 언론 노출을 위해 미국 전 지역을 열심히 돌아다녀야 했다. 그런데 평생 가난 속에서 살았던 그의 어머니는 그를 지원할 여력이 없

6 농구에서, 상대 팀 선수들이 리바운드하기 어렵게 하려고 미리 유리한 포지션을 잡는 것을 말한다.

었다.

그렇기에 2001년 7월, 뉴저지주 해컨색의 작은 대학교 체육관 앞에서 글로리아에게 슬롯머신 농담을 했을 때 나는 그녀의 대답에 의아할 수밖에 없었다.

누가 봐도 그녀는 이미 복권에 당첨된 것이나 다름없었다. 그녀의 아들은 앞으로 엄청난 돈을 벌게 될 것이었다. 다만 그들은 이미 많은 돈을 쓰고 있었다. 르브론은 가는 곳마다 항상 대우를 받았으며, 신상품들과 맛있는 음식, 머무를 숙소와 자동차까지 제공받았다. 이런 것들은 글로리아가 지원하는 것이 아니었다. 광고 계약을 체결하기 전까지 2년 동안 더 많은 돈이 필요했을 것이다.

다음 일화는 르브론이 비즈니스 세계로 첫발을 내딛는 데 교훈을 주었다.

에디 잭슨은 여러 해 동안 르브론 모자와 알고 지내 왔다. 르브론이 어렸을 적 에디와 글로리아는 연인 사이였다. 르브론과 관련해 꽤 알려진 사진 하나가 있는데, 어린 르브론이 소형 농구 골대 앞에서 공을 가지고 노는 모습이 담겨 있다. 에디는 그 농구 골대를 본인이 사줬다고 말했었다. 르브론이 고등학생일 때 글로리아와 연인 관계가 끝났지만, 에디는 여전히 르브론 가족을 돕고 있었다.

그 당시 에디는 자기 자신을 〈비즈니스맨〉으로 소개하고 다녔다. 기획자로서 합법적인 거래를 하기도 했지만, 그는 범죄자였고, 본인도 이 사실을 인정했다. 마약 거래로 감옥을 드나들기도 했고, 르브론이 고등학교 졸업반일 때는 부동산 사기로 연방 정부 감옥에 갇히기도 했다.

사람들은 에디가 뭔가 목적을 가지고 르브론에게 접근한 것은 아닌지, 에디와 친분 있는 르브론 또한 도덕적으로 결함이 있는 것은 아닌지 걱정했다. 물론 르브론과 그의 가족이 범죄자와 친분이 있고 그로부터 어떠한 혜택을 받아 왔다는 것은 그리 좋은 모습이 아니다. 하지만 에디가 르브론의 삶에서 중요한 역할을 한 것은 사실이다. 에디는 르브론이 첫 번째 차를 사는 데 도움을 주었고, 본인 소유 집에서 르브론이 살도록 했으며, 르브론이 먼 곳으로 이동하거나 여행을 가야 할 때마다 두 사람의 경비를 대주기도 했다. 르브론에게 에디는 아빠와 같은 존재였고, 잠시 〈아버지〉라고 부르기도 했다. 물론 에디가 르브론을 위해 쓴 돈은 사기를 통해 번 것이었을 수 있다. 르브론을 이용해 기획자로서 돈을 벌기도 했으며, 단순한 호의보다 르브론의 투자 가치를 보고 르브론 가족을 도운 것일 수도 있다. 하지만 그가 르브론의 삶에서 중요한 사람이었으며 잠시나마 르브론의 보호자 역할을 했다는 점은 부인할 수 없는 사실이다.

2001년 무렵 르브론을 둘러싼 상황들이 변하는 것을 보고 에디는 르브론에게 자금 조달이 필요함을 알아차렸다. 그는 지인들을 통해 르브론과 조 마시의 만남을 주선하기로 했다. 조는 당시 르브론의 고향인 오하이오주 애크런에서 손꼽히는 부자 중 한 사람이었다. 조 역시 에디와 마찬가지로 기획사를 운영해 부를 얻었는데, 에디에 비해 스케일이 크고 합법적인 방법으로 돈을 벌었다. 그의 고객으로는 데이비드 코퍼필드, 재닛 잭슨, 플리트우드 맥 등 유명인들이 있었다. 그는 르브론을 알기 2년 전 본인의 회사를 1억 1천8백만 달러에 매각해 여유 자금이 충분했다.

에디는 조가 해결사 역할을 해줄 거라고 믿었다. 반면 조의 의도는 오로지 비즈니스를 위한 것이었다. 그는 꾸준한 수익을 창출해 줄 친분을 쌓고 싶었을 뿐이다. 르브론이 뉴저지에서 돌아왔을 무렵 많은 사람이 그가 NBA 드래프트 1순위가 될 거라 장담했다. 처음에 조는 에디에게 3만 달러의 수표를 대출해 줬고, 에디와 글로리아에게 이후 2년간 총 10만 달러를 빌려줬다. 조는 에디에게 연간 10퍼센트의 이자율과 르브론이 출연 예정이었던 다큐멘터리 저작권을 넘기겠다는 계약서에 사인하도록 강요했다. 그뿐만 아니라 추후 르브론이 홍보 활동 참여에 동의하는 계약도 맺도록 했다.

마시는 성공적인 사업가임에 틀림없었다. 마치 에인절 투자자가 벤처 기업에 투자한 후 그 기업이 성공하면 투자 금액에 비해 훨씬 많은 금액을 돌려받는 것과 다르지 않다고 하는 사람들도 있었다. 반면 마치 대부업처럼 도와준다는 평계로 순진한 약자들의 돈을 강탈하는 행위로 보는 사람들도 있었다. 확실한 것은 자신이 감당할 수 없는 상황에 놓인 글로리아와 무슨 일이 벌어지고 있는지 아무것도 모르는 미숙한 르브론은 이미 모든 거래가 성사된 후 마시와 미팅을 하기 위해 애크런 외곽에 있는 그의 맨션에 초대되었다는 것이다.

몇몇 사람은 이러한 기획사와의 거래만으로도 르브론이 아마추어 선수 자격을 박탈당하기에 충분했다고 말한다. 만약 그 당시 사람들에게 이러한 거래가 공개되었다면 그는 아마 고등학교 농구 리그에서 뛸 수 없었을 것이며, 그 과정에서 창피당하는 수모를 감수해야만 했을 것이다. 하지만 좀 더 자세히 살펴보면 상황은 단순하지 않았다.

에디가 조에게서 빌린 대출금 중 얼마를 르브론 가족에게 썼는지는 아무도 모른다. 어쩌면 대출금 모두를 그들을 위해 썼을 수도 있다. 시간이 흘러 대출이 거의 끝나갈 무렵, 에디는 이미 감옥에 들어가 있었고, 조는 매달 글로리아에게 직접 돈을 보내 주었다. 르브론이 조를 만난 적은 있지만, 그가 직접 서명한 문서는 단 한 장도 없었다. 나중에 그것은 매우 중요한 쟁점이 되었다. 이후 18개월 동안 르브론이 출연할 예정이었던 다큐멘터리 제작을 위해 몇 번 미팅을 하기도 했지만, 결승전에서 패배하면서 난생처음 받아 본 비판들에 르브론 스스로 다큐멘터리에 대한 의욕을 점차 잃었다. 그리고 그는 이미 너무나 유명해져 있었다.

르브론은 당시 미국에서 제일 유명한 스포츠 잡지 『스포츠 일러스트레이티드』의 커버를 장식했으며 마이클 조던도 만났다. 그는 이제 더 이상 무명 감독이 만드는 다큐멘터리에 출연할 필요도 없었고, 출연하고 싶지도 않았다. 열일곱 살에 스파이크 리를 만난 뒤, 그는 조에게 스파이크 리가 직접 자신의 다큐멘터리를 연출해 줄 것을 요청했고, 조는 그의 요청에 응하려 노

력했으나 리의 전화번호조차 알아낼 수 없었다. 다큐멘터리는
끝내 만들어지지 않았고, 르브론과 글로리아는 조와 인연을 끊
었다. 르브론이 고등학교 졸업반이 되었을 무렵, 돈은 더 이상
큰 문제가 아니었다. 조에게는 가혹해 보일 수도 있겠지만, 그
들 입장에서 조는 더 이상 필요한 존재가 아니었다.

연락이 닿지 않자 조는 르브론이 NBA 신인 선수가 되고 한
달쯤 뒤 1천5백만 달러를 손해 배상으로 청구했다. 손해 배상
추산액은 다큐멘터리와 홍보 활동이 창출할 것으로 기대되는
이익이었다. 조는 르브론이 약속한 구두 계약을 위반했다고 주
장했다(물론 그 계약은 르브론이 성인이 되기 전에 이뤄진 것이
었다). 조는 본인이 르브론의 기획사가 되고 싶지도 않고 르브
론을 개인적으로 알지도 못하며 단지 사업을 위해 거래했을 뿐
이므로, 결론적으로 거래를 약속한 상대방인 르브론이 계약 위
반을 했다고 주장했다.

르브론은 몇 달간 합의하려 노력했으나 2005년에 결국 재판
이 진행되어 법정에 서게 되었다. 당시 그가 법원 식당에서 무
슨 점심을 먹었고(치킨 샌드위치 두 개와 컵케이크), 어떻게 돈
을 지불했는지까지(1백 달러짜리 현찰) 지역 신문에 보도될 정
도였다. 6대 2로 배심원은 르브론의 손을 들어 주어, 그는 대출
금과 이자만 지불하게 되었다.

법정에 설 당시 겨우 스무 살이었지만, 르브론은 상대방 변호
사의 질문을 되받아치기도 하고 법정에 있는 사람들의 마음을
움직여 결국 승소했다. 〈슬롯머신에 넣을 5센트도 없었던〉 그는

법정에서 12만 2천 달러를 현금으로 바로 지불하고 당당하게 법정을 떠났다.

열여섯 살에 이런 난잡한 거래가 성사될 때, 르브론은 자신이 프로 농구 선수가 될 거라 자신했고, 법정 판결이 나올 무렵 자신의 영향력과 그것을 어떻게 사용할지 배웠다. 그가 모든 것을 직접 컨트롤하기 시작한 것도 아마 그 무렵이었을 것이다.

주변 어른들 간에 이루어진 거래로 인해 르브론은 어린 나이에 법정에 섰지만, 모든 것을 차근차근 풀어 나가는 성숙함을 보여 줬다. 그러한 성숙함은 이미 그가 그의 일생에서 제일 중요하다고 여기는 리복과의 거래에서 배운 것이었다.

3
인생 최고의 거래

    1971년 필 나이트는 오리건주 포틀랜드 외곽의 작은 사무실에서 신생 신발 유통 회사를 운영하고 있었다. 그는 자신이 개발하고 있는 새로운 브랜드(와플 기계에서 영감을 얻은 디자인을 가지고 있었다)의 이름을 두고 매우 힘들어했다. 경영학 석사MBA 학위를 가지고 있고 회계사로 일했던 필 나이트는 거침없는 사업가였으나 마케팅은 그의 전문 분야가 아니었다. 그가 처음에 생각한 이름은 디멘션 식스였다. 직원들이 간곡히 말렸기에 논쟁이 오고 갔고, 결국 결정을 내리지 못하고 있었다. 신발 제작을 더 이상 미룰 수 없는 상황이었는데, 막판에 직원 중 한 명이 던진 아이디어로 이름을 결정하게 되었다. 그리스 신화에 나오는 승리의 여신 나이키였다.

    연간 1백만 달러의 매출도 달성하지 못해 직원들의 월급조차 지급하지 못하던 시절이 있었지만, 2003년 나이키는 연간 1백억 달러의 매출을 올리며 세계적 신발 브랜드가 되었다. 그간 필 나이트는 여러 가지 교훈을 얻었다. 그 가운데 중요한 한 가지는 마케팅의 가치였다. 수십 년 동안 질 좋은 신발을 만들었지만 제대로 된 마케팅을 시작하기 전까지 나이키는 세계 시장에서 빛을 보지 못했다. 그런 의미에서 1984년에 이뤄진 마이클 조던과의 신발 계약은 나이키에 매우 중요했다. 계약 체결 1년 후 첫 번째 에어 조던이 출시되었고, 단 두 달 만에 7천만 달러 이상의 운동화가 팔려 나갔다. 그 후 나이키에게 당대 최고 농구 선수들을 영입하고 파트너십을 쌓는 것은 필수적인 것이 되었다.

2003년 초, 신발 시장에 새롭게 등장할 다섯 명의 메가급 농구 스타를 두고 3대 신발 브랜드는 치열한 경쟁을 벌였다. 1996년부터 아디다스와 함께해 온 코비 브라이언트는 새로운 기업을 찾기 위해 계약을 중도 해지한 상태였다. 또 수억 명의 중국 농구팬을 두고 있는 야오밍과 스타 농구 선수 케빈 가넷이 있었다. 또 다른 두 명은 아직 정식으로 NBA 코트를 밟지도 않은 르브론 제임스와 카멜로 앤서니였다. 르브론은 고등학교 선수 역사상 최고 이목을 끌었고, 앤서니는 시러큐스 대학교 1학년 재학 시절 전국 선수권 대회에서 우승을 이끈 떠오르는 스타였다.

그해 겨울, 필 나이트는 당시 임원들에게 다음 농구 시즌까지 다섯 명 모두 나이키에 영입하도록 명령했다. 나이키는 운동화 판매에서 글로벌 리더였으며, 특히 농구 시장에서는 지배적이었다. 하지만 아디다스와 리복도 각각 70억 달러와 30억 달러의 매출을 올리는 기업이었기에 여전히 치열한 경쟁 상대였다. 돈이 가장 많은 나이키로서도 다섯 명을 동시에 영입하기에는 꽤 많은 돈이 필요해, 각 선수에게 최고 금액을 제시할 수 없었다.

2003년 1월, 르브론의 고등학교 팀은 UCLA 체육관에서 열리는 쇼케이스 이벤트에 참가하기 위해 로스앤젤레스로 날아갔다. 그날 오렌지 카운티의 마터데이 고등학교 팀과 경기가 있었는데, 미국 전역 텔레비전에 방영된 르브론의 두 번째 경기였다. 첫 번째 경기가 전국적으로 방영된 지 채 한 달도 안 된 시점이었다. 르브론과 그의 고등학교 팀 동료들에게는 매우 의미 있는 경기였다. 그들이 고등학교 1학년일 때 올랜도에서 열린 고등학교 전국 선수권 대회 결승에서 캘리포니아 학교에 승리를 내줬는데, 당시 그 농구 팀에 있던 대다수가 마터데이 고등학교로 전학을 갔기 때문이다. 고등학교 리그 선수 중 내로라하는 선수들이 뛰는 경기여서, 이번에 이긴다면 르브론 팀은 전국 1위를 할 수도 있었다. 그러나 이와 별개로 또 다른 치열한 경쟁이 벌어지고 있었는데, 그것은 나이키와 아디다스의 마지막 결전이었다.

경기장 한편에 필 나이트가 앉아 있었다. 사실 선수 영입을 위해 고등학교 농구 경기에 나이키 사장이 직접 참관한 일은 여태껏 한 번도 없었다. 그 옆에는 나이키의 르브론 영입 담당 경영진 린 메릿이 앉아 있었다.

농구 코트 반대편에는 서니 바카로라는 아디다스 경영진이 앉아 있었는데, 그는 원래 나이키 출신이었다. 그날 그에게 주어진 임무는 르브론의 영입, 그것이 아니라면 최소한 나이키행을 막는 것이었다. 그는 은퇴하기 전까지 나이키, 아디다스, 리복 순으로 세 기업 모두에서 일했는데, 업계에서는 그의 업무 스타일이 꽤 유명했다. (그는 어떤 선수를 영입하거나 대학교 농구 팀에 운동복을 팔기 위해서 온갖 수단을 가리지 않는 것으로 유명했다.) 그는 대학교 코치들에게 자신이 일하는 기업의 상품을 선택해 주는 대가로 상당한 리베이트를 제공했다. 그 과정에서 코치들, 선수들뿐만 아니라 그 자신도 많은 돈을 모았다. 그런 부분에 대해 그는 숨기지 않았다.

당시 바카로는 다윗과 골리앗을 연상시키듯 항상 인터뷰에서 나이키를 치켜세우며 아디다스와 본인은 공정한 기회조차 가질 수 없는 약자로 보이기를 원했다. 1991년에 나이키를 퇴직한 이유 중 하나는 그가 나이키에 마이클 조던을 영입시켰다고 말하고 다녔기 때문이다. 어디까지가 사실인지는 모르겠으나 퇴직하고 10년 후, 그가 나이키에 한 방 먹인 사건이 있었다. 그는 나이키가 코비 브라이언트를 만나기도 전에 유대감을 형성해 아디다스로 데려왔었다. 그 후 원래 브라이언트는 샬럿 호니츠 팀이 드래프트했는데 LA 레이커스로 트레이드되도록 막후에서 은밀히 공작해 그가 아디다스의 얼굴이 될 수 있게 했다. 아디다스는 브라이언트에게 일 년에 150만 달러를 지불했는데, 그의 명성에 비하면 헐값이나 마찬가지였다.

코비 브라이언트를 영입한 다음 해, 그는 고등학교를 갓 졸업한 또 다른 선수를 아디다스로 영입했는데, 바로 트레이시 맥그레이디였다. 나이키가 맥그레이디에게 연락을 취했을 때 맥그레이디와 바카로는 이미 친밀한 사이가 되어 있었고, 나이키가 계약을 제시했지만 맥그레이디는 바카로와의 의리를 지키기 위해 연간 2백만 달러 정도에 아디다스와 계약했다. 맥그레이디의 명성을 고려한다면 그저 형식적인 금액에 불과했다. 2003년 무렵 브라이언트와 맥그레이디는 아디다스의 전체 농구화 신발 사업을 이끌어 가고 있었다. 당시 나이키는 빈스 카터와 같은 최고 덩커를 포함해 꾸준히 성장하는 모습을 보여 주었지만, 고등학교 출신 선수들을 영입하는 데서는 바카로가 한 수 위였다.

2001년 봄, 바카로는 르브론 역시 다른 회사들보다 먼저 만났다. 바카로는 르브론의 농구 경기를 담은 비디오를 보았지만, 별로 대단하다고 여기지 않았다. 아디다스는 르브론이 고등학교 1학년 말부터 그의 고등학교에 약 1만 5천 달러의 신발과 운동복 등을 협찬해 주고 있었다. 언젠가 바카로는 이 거래가 본인이 성립한 최고의 딜이었다고 말하곤 했다. 1학년 이후 르브론이 거의 대부분 시간을 아디다스 브랜드만 입고 신고 다녔기 때문이다. 하지만 바카로는 당시 르브론을 그저 실력 좋은 고등학교 농구 선수 중 하나로만 생각했다. 바카로의 관심을 끈 오하이오 시골 출신 선수는 거의 없었기 때문이다.

하지만 르브론은 고등학교 2학년이 끝난 뒤 농구 실력을 좀 더 향상시키기 위해 캘리포니아 북부에 있는 오클랜드 솔저스 고등학교 농구 팀에 합류하여 몇 개의 토너먼트를 함께 뛰었다.

솔저스는 꽤 유명한 학교였기에 이는 르브론이 얼마나 뛰어난 선수였는지를 보여준다. 사실 다른 학교에 가서 경기하는 것이 특이한 일은 아니었지만, 오하이오 출신 선수가 캘리포니아까지 와서, 그것도 다른 학교 경기에 참가한다는 것은 당시로선 굉장히 드문 일이었다.

솔저스 팀에서의 경기는 사람들에게 깊은 인상을 주었다. 솔저스에는 리언 포웨와 켄드릭 퍼킨스라는 미래 NBA에서 뛸 만한 선수들이 있었지만, 르브론은 팀 내 최고 선수였다. 그들은 향후 NBA에서 르브론과 함께 뛰기도 했다. 처음에 리언 포웨는 오하이오 출신인 르브론의 실력이 너무나 놀라워 감독에게 달려가 르브론이 도대체 몇 학년인지 물어보았다고 한다. 당시 고등학교 선수들의 등급을 매겼던 한 잡지에서 고등학교 1순위로 뽑혔던 리언 포웨는 르브론이 자신과 같은 학년이라는 사실에, 언젠가 본인이 따라잡힐 거라 예상하고 매우 실망했다고 한다.

캘리포니아에서 르브론의 몇몇 경기를 지켜본 바카로의 동료들은 바카로에게 애크런 출신의 〈꼬마〉와 친분을 쌓으라고 권유했다. 이 말을 듣고 바카로는 샌프란시스코 대학교에서 원데이 이벤트를 진행하기로 했다. 바카로가 르브론의 운동 경기를 직접 보기 위해 계획한 행사였다. 아디다스는 이 이벤트에 참석하는 모든 선수의 경비를 지원해 주었다. 르브론과 그의 엄마, 다른 팀원인 드루 조이스, 당시 고등학교 팀 감독이었던 키스 담브롯까지 샌프란시스코로 초대했다.

바카로 밑에서 일하던 리크루팅 팀의 크리스 리버스는 이미 르브론에게 올인하고 있었다. 그날 그는 르브론을 위해 아디다스 운동복과 르브론의 등번호인 〈23〉이 새겨진 농구화도 제공했다. 그는 르브론을 바카로에게 꼭 보여 주고 싶었다. 하지만 안타깝게도 르브론은 그날 〈올인〉하지 않았다. 그는 아직 열여섯 살의 어린 소년이었으며, 항상 경기에 집중하지는 않았다. 그는 급성장 중이어서 갑자기 키가 198센티미터까지 자라며 몸무게는 90킬로그램을 넘었고, 여드름도 생기고, 긴 머리는 손질도 하지 않은 상태였다. 그는 이미 주목받는 것에 익숙했다. 그날 그는 아디다스가 준 농구 반바지가 마음에 들지 않아 경기에 집중할 수 없었다.

첫 번째 경기에서 르브론은 반바지에만 신경 쓰는 듯했다. 운동복을 바지에 집어넣었다 다시 빼기도 하고, 반바지 끈을 다시 묶기도 했다. 〈이걸 보려고 우리가 로스앤젤레스에서 날아왔다고?〉 바카로는 실망했다. 르브론의 실력은 이미 알고 있었지만, 그날 최고의 선수라고 바카로를 설득하기에는 역부족이었다. 첫 번째 경기가 끝나고 르브론의 고등학교 감독인 담브롯이 체육관 밖 복도로 르브론을 불러냈다. 그 복도는 샌프란시스코의 아름다운 풍경이 내려다보이고, 맑은 날에는 언덕 아래로 푸른 바다도 보이는 곳이었다. 벽에는 NBA 역사상 가장 훌륭한 선수 중 한 명인 윌리엄 펠턴 러셀을 기리는 명판이 걸려 있었다. 러셀은 모교인 샌프란시스코 대학교를 전국 선수권 대회에서 두 번이나 우승으로 이끌었고 학교 체육관인 전쟁 기념 체육관에서 독보적인 존재였다.

담브롯은 경기장 밖에서는 멋진 미소와 다정한 성격을 가진 사람이었지만 감독일 때는 달랐다. 그는 키도 크지 않고 체구도 작은 백인 감독이었지만 경기를 할 때면 항상 윽박지르는 스타일이었다. 경기만 시작하면 발로 바닥을 쿵쿵거리며 윽박질러 르브론은 처음에 그를 너무나 싫어했다. 무엇보다 지금껏 그렇게 소리 질러 댄 감독이 한 명도 없었기 때문에 르브론은 짜증나고 화가 났다.

그날 역시 담브롯은 다르지 않았다. 소리를 지르지는 않았지만 엄한 표정으로 이렇게 경기하다간 주어진 기회를 놓칠 수 있다고 말했다. 많은 돈이 걸린 기회인데 집중하지 않는다며 르브론을 나무랐다. 열여섯 살 아이에게 할 얘기는 아니었지만 말이다. 그러고는 반바지 가지고 장난질 좀 그만하라고 덧붙였다.

르브론은 담브롯 감독의 조언을 받아들였다. 두 번째 게임에서는 실력을 제대로 발휘해, 결국 바카로를 감동시켰다. 르브론은 경기 도중 코트 끝에서 패스해 바로 레이업으로 연결시켰다. 바카로는 이따금 그 패스에 대해 사람들에게 말하곤 했다. 바카로는 르브론의 경기 운영 스타일을 매우 좋아했다. 그날 경기는 르브론을 위한 것이었음에도 르브론은 팀원들이 경기에 더 참여할 수 있도록 신경 썼다. 그 경기가 끝나고 몇 달 뒤, 바카로는 르브론이 뉴저지에서 열리는 ABCD 캠프에 참석하도록 했고, 덕분에 르브론은 미국 전역의 스포트라이트를 한 몸에 받았다.

다시 필 나이트가 참석했던 UCLA 경기로 돌아가 보자. 바카로와 크리스 리버스는 〈르브론을 잡아라get LeBron〉 미션을 수행하기 위해 경기장에 와 있었다. 그들은 반대편에 앉아 있는 나이트와 메릿을 보면서 자신들이 그들보다 우위에 있다고 자부했을 것이다. 크리스 리버스는 르브론이 졸업을 앞두고 있을 즈음 아예 애크런으로 이사해 항상 르브론 옆에서 좋은 관계를 유지했고, 르브론뿐만 아니라 그의 엄마와 에디 잭슨과도 친하게 지냈다. 게다가 바카로는 르브론에게 지금까지 없었던 최고 계약금을 제안할 수 있도록 이미 독일에 있는 아디다스 본사와 이야기가 되어 있었다.

그러나 메릿 역시 나름 노력하고 있었다. 그는 10년 이상 나이키와 함께했으며 바카로와 마찬가지로 농구 쪽 시장의 주요 인사였다. 그는 켄 그리피 주니어[7]를 나이키로 데려왔고 회사에서 그의 멘토 역할을 했다. 또한 스코티 피펜도 도와주고 있었으며, 10년 동안 많은 스타를 영입하고 성장할 수 있도록 지지해 주었다. 바카로가 르브론과 관계를 형성하기 위해 노력하는 동안 메릿은 자신만의 플레이를 하고 있었다. 그 중심에는 매버릭 카터가 있었다.

매버릭 카터와 르브론은 어릴 때 만났다. 카터는 그의 일곱 번째 아니면 여덟 번째 생일 파티에서 르브론을 처음 만났다고 말했다. 그들의 부모는 비슷한 부류였다. 모두 마약과 관련되어 있었다. 카터의 아버지 오티스는 마약 관련 혐의로 여러 차례

7 메이저 리그 야구 선수. 1989년 시애틀 매리너스에 드래프트되었다.

교도소에 갔다 왔고, 르브론의 어머니 역시 주로 경범죄로 여러 번 체포된 적이 있었다.

카터는 이러한 삶도 세상의 일부라며 어린 시절을 부끄러워하지 않았다. 어린 시절 카터에게 제일 큰 영향을 준 그의 할머니는 집에서 밤새 도박장을 운영했는데, 카터는 그곳에서 청소나 심부름 등을 하면서 할머니를 도왔다. 카터의 첫 밥벌이였다. 그는 아버지가 〈사기꾼〉이었다고 말했지만 이는 애정 어린 표현이었다. 그는 아버지가 가족을 먹여 살리기 위해 노력한 것에 항상 존경하는 마음을 가졌다. 할머니 댁에서 이미 이런 부류의 사람들을 많이 봐왔기 때문일지도 모른다.

카터는 십 대가 되었을 때 대마초를 팔기 시작했다. 그의 어머니 캐서린은 그가 재킷에 숨겨 둔 대마초를 발견하고 매우 화를 냈다. 그녀는 애크런 대학교 야간 수업을 들으며 졸업한 후 수십 년간 애크런시의 사회복지사로 근무하고 있었다. 성실하고 똑똑했던 그녀는 카터가 삶을 바로잡지 않으면 아버지처럼 범죄를 저지를 거라며 여러 번 혼냈다.

어릴 적 이러한 경험들은 결국 그가 잘 성장하도록 만들었다. 세인트빈센트세인트메리 고등학교 졸업 학년 무렵에는, 미식축구와 농구 스타였고 웨스턴미시간 대학교에서 농구 선수로서 전액 장학금을 받기로 되어 있었다. 르브론이 1학년 때 그는 고등학교 팀의 유능한 주장으로서 차분하게 팀을 이끌고 있었다. 그가 고등학교에서 뛰는 모습을 본 적 있는 나는 카터가 농구보다 미식축구에 더 어울린다고 생각했지만, 그가 사람들을 다루는 능력은 농구장에서 더 빛났다. 그런 면에서 그는 아버지를 닮았다. 그는 어려운 상황에 대처하는 방법을 알고 있었다. 그의 어머니는 아버지 오티스가 항상 긍정적인 영향을 미쳤다고 생각하지 않았지만, 그래도 카터가 지금 이렇게 훌륭히 자란 것은 아버지의 역할이 크다는 데 동의했다.

르브론과 카터는 한 시즌을 같이 뛰었는데, 이 기간 중 두 사람의 미래에 영향을 줄 만한 중요한 순간이 있었다. 미식축구 명예의 전당 옆에 있는 오래되어 볼품없는 캔턴 메모리얼 필드하우스에서 열린 오하이오 지역 8강전 상대는 클리블랜드의 막강한 경쟁 학교 빌라앤절라세인트조지프 고등학교였다. 클라크 켈로그를 포함해 많은 농구 스타가 이 학교 출신이었다.

박빙의 4쿼터 초반에 카터가 5반칙으로 퇴장당해 경기를 끌고 갈 선수는 르브론뿐이었다. 카터는 르브론에게 다가가서 이길 수 있을 거라고 자신감을 북돋아 주었다. 지금 생각하면 너무나 당연한 일이라고 생각하겠지만, 당시 르브론은 겨우 열다섯 살이었고, 가끔 빠르게 포기해 버리기도 했다. 담브롯이 고쳐 주고 싶은 르브론의 버릇 중 하나였다. 하프 타임 때 열 올리며 혼낸 것도 이 때문이었다. 카터의 응원은 효과가 있었다. 르브론은 마지막 7분간 플레이메이커 역할을 충실히 해내 결국 팀을 승리로 이끌었다.

카터는 대학에 진학해 농구 선수로서 경력을 쌓을 계획이었다. 그러나 카터를 영입한 감독이 해고당해 경기에 제대로 출전하지 못했고 경기당 평균 2득점에 그쳤다. 팀은 7승 21패를 기록했다. 그를 더 힘들게 한 것은 원정 경기 때마다 자신이 경쟁에서 밀린다는 느낌이었다. 그는 농구 선수로서 미래가 없어 보였다. 대부분의 대학 농구 선수들이 겪는 일이었지만, 카터는 다른 선수들보다 더 빨리 현실을 알아차렸다. 실망스러운 대학교 1학년을 보낸 뒤, 그는 애크런 대학교에 편입했다. 그곳에서는 담브롯이 막 어시스턴트 코치로 임명되었기에 그를 선수 명단에 넣어 줄 수 있었다.

팀을 옮긴 카터는 NCAA의 이적 규정 때문에 한 시즌 동안 결장해야 했다. 하지만 르브론과 매일 같이 지낼 수 있다는 것이 큰 위로가 되었다. 2001년 당시 르브론은 이미 전국적으로 유명해져 있었고, 주변 사람들은 모두 그가 프로 커리어를 쌓아 갈 수 있도록 준비해 놓고 있었다. 이때 신발 회사의 임원급들이 르브론을 영입하기 위해 애크런에 찾아오기 시작했는데, 메릿도 그중 하나였다. 메릿은 르브론의 경기를 참관하고 르브론의 가족과 친구들을 만나기 위해 경기 후에도 코트 주위를 맴돌았다. 카터가 르브론의 삶에서 어떤 역할을 했는지뿐만 아니라 르브론의 경기와 미래에 대해 어떻게 생각하고 있는지도 빠르게 파악했다. 그리고 메릿은 르브론의 앞날에 매우 중요한 역할을 하게 되는 일을 하나 한다. 카터에게 오리건주 비버턴에 있는 나이키 본사에서 일할 수 있는 인턴십을 제안한 것이다.

메릿은 카터에게 끌렸고 그를 좋아했다. 하지만 분명 주된 동기는 르브론과의 연결고리를 구축하는 것이었다. 이것은 별로 특별한 일이 아니었다. 1970년대 나이트는 육상 스타 스티브 프리폰테인을 나이키로 영입하기 위해 일부러 그의 친구를 고용해 나이키에 대해 미리 귀띔하도록 했다. 그럼에도 불구하고 나이키의 경영진 몇 명은 카터가 본사에서 일하는 모습을 보고 매우 놀랐다. 나이키는 인턴으로 대부분 하버드나 나이트가 다닌 스탠퍼드 경영 대학원 출신들을 뽑았기 때문에 애크런 대학교 출신은 참으로 드문 경우였다.

그렇지만 카터는 야심 차고 똑똑했다. 인턴으로 근무하는 동안 그는 상사에게 먼저 다가가 나이키의 시스템과 비전 등에 대해 캐묻곤 했다. 이 팀의 몇몇 직원은 큰 것을 얻기 위해 어쩔 수 없이 함께해야 할 사람 정도로 카터를 여겼다. 이러한 점은 카터가 나이키에서 일한 15년 동안 극복해야만 하는 장벽이었다. 다행히 점차 카터는 르브론을 얻기 위해 떠안고 가야 할 그저 짐스러운 르브론의 친구 이상의 존재감을 보여 주기 시작했다. 언젠가 카터는 알베르트 아인슈타인의 명언을 우연히 접했다. 〈나는 특별한 재능이 없다. 나는 단지 열정적으로 궁금할 뿐이다.〉 카터는 이 말에 감명을 받았다. 정말로 멋진 말이었다. 그는 종종 이 명언을 사람들에게 들려주었을 뿐 아니라 이 말이 삶에 반영되도록 노력했다.

카터는 인턴십 제안을 받자마자 르브론이 프로 무대로 진출하면 그와 함께하기 위해 다니던 학교와 농구 팀을 모두 그만두었다. 카터는 앞으로 르브론이 계약하는 신발 회사에서 일하기로 르브론과 약속했다. 즉 르브론의 스파이가 되는 것이었다. 고등학생 시절 르브론은 가끔 비즈니스 세계에 관심이 없고 무지한 사람처럼 보이기도 했으나, 경험이 부족했을 뿐 결코 무지하지 않았다. 열일곱 살에 이미 자신이 계약할 회사에 카터를 입사시킬 생각을 했다는 것은 자신에게 유리한 환경을 어떻게 구축할지 잘 파악하고 있었음을 보여 준다.

나이키에는 또 다른 아군이 있었는데, 매우 강력한 동맹이었다. 르브론은 열여섯 살 무렵 카터와 함께 시카고에 가서 NBA 선수들과 농구 경기를 하곤 했다. 그러자 농구를 잘하는 오하이오 출신 아이가 있다는 소문이 돌기 시작했고, 그는 가는 곳마다 환영받았다. 어느 날 르브론이 예전 시카고 불스 운동 트레이너 팀 그로버의 운동 시설에서 운동하고 있었는데, 그로버가 운동 끝나고 잠깐 남아 있으라고 조용히 말했다. 그때 슈퍼 카한 대가 주차장으로 들어왔는데, 그 차의 주인은 바로 마이클 조던이었다. 르브론과 카터는 온몸이 굳어 버렸다. 조던은 당시 NBA로 마지막 복귀를 계획하며 남몰래 운동을 하고 있었다. 조던은 르브론과 20~30분 정도 이야기를 나누었다. 르브론은 우상이었던 조던에게 압도되었다. 특히 조던이 휴대폰 번호를 알려 줬을 때는 어찌할 바를 몰랐다. 그 후 몇 년 동안 NBA 경기를 위해 클리블랜드를 방문할 때면 조던은 르브론에게 연락했다. 르브론이 졸업반일 때 조던은 워싱턴 D.C.에 있는 고등학교 올스타 게임에 초청했고, 두 사람은 함께 시간을 보내며 더욱 가까워졌다. 나이키의 상징처럼 여겨지는 조던과 친분을 나눈 것이 나이키에 좋은 이미지를 가질 만한 충분한 이유가 되지 않았을까.

누구보다 먼저 바카로가 르브론에게 다가가 친분을 유지하며 아디다스 농구화와 운동복을 입힌 건 사실이다. 하지만 나이키와 메릿 또한 조용히 그 진영 안에 침투하고 있었다. 르브론은 아직 어느 쪽으로도 치우치지 않아야 한다고 생각했다. 졸업반이 된 마지막 여름 방학에 르브론은 아디다스의 바카로가 진행하는 〈ABCD 캠프〉와 나이키가 개최하는 〈올아메리칸[8] 캠프〉에 모두 참석했다. 그는 그해 봄 시카고에서 열린 대회에서 손목이 부러지는 부상을 입었기 때문에 두 경기를 직접 뛰지는 않았지만 두 행사에서 모두 기자 회견을 열었다. 르브론은 아디다스 행사에서는 나이키 신발을, 나이키 행사에서는 아디다스 신발을 신었다.

나이키의 메릿과 아디다스의 바카로가 참관한 LA 경기는 별로 만족스럽지 않았다. 그는 3점 슛 8개를 포함해 15개의 슛을 실패했다. 한 달 전 클리블랜드에 있는 오크힐 아카데미와의 경기에서 사람들을 열광시켰던 수준에 못 미쳤다. 그래도 르브론은 21득점과 9리바운드, 7도움을 기록했고, 전국적으로 방영될 하이라이트 장면도 몇 개 만들어 냈다. 르브론 덕분에 체육관은 오랜만에 만석이었고, 르브론의 팀은 6점 차로 승리를 거두어 전국 1위에 올랐다. 물론 랭킹보다 중요한 것은 신발 회사의 경쟁이 본격적으로 시작된 것이었다.

결정의 순간이 점차 다가오고 있었지만, 당시 리복은 나이키

8 전국 고등학생 중 최고 선수들을 일컫는 말.

와 아디다스에 비해 한참 뒤처져 있었다. 그들은 다른 회사들처럼 르브론과 관계를 형성하기 위해 물밑 작업을 하거나 돈을 투자하지 않았다. 그들이 가진 것이라곤 필라델피아 세븐티식서스 팀 농구 스타 앨런 아이버슨의 절친인 윌리엄 〈웨스〉 웨슬리와의 연결 고리뿐이었다. 당시 아이버슨은 리복의 대표 얼굴이었다. 웨슬리는 2004년 디트로이트에서 벌어진 디트로이트 피스턴스와 인디애나 페이서스의 난투극[9]을 말리는 데 도움을 주면서 대중에게 더 잘 알려졌다. 페이서스 선수였던 론 아테스트를 경기장에서 끌어내는 도중 분노한 팬들이 웨슬리의 양복에 맥주를 쏟아붓는 모습이 포착되었다. 하지만 웨슬리는 농구계의 오래된 수완가였다. 당시 농구계의 에이전트와 리그 경영진들에 의하면 2000년대 중반 그는 농구계에서 가장 영향력 있는 사람 중 한 명이었다고 한다.

웨슬리는 젊은 선수들과 친구가 되어 그들뿐 아니라 그들의 가족들까지 챙기며 친분을 쌓아 가는 데 능통했다. 그건 그가 많은 거래를 성사시킨 비결이라고 할 수 있다. 그는 선수들을 〈우리 조카〉라 불렀고, 몇몇 선수는 웨슬리를 〈삼촌〉이라고 불렀다. 그에 대한 많은 이야기가 떠돌았다. 그는 선수들의 도박

9 더 말리스 앳 더 팰리스The Malice at the Palace(궁전의 악)라고 불리는 이 난투극은 디트로이트의 경기장(경기장 이름이 〈팰리스〉다)에서 페이서스 선수였던 론 아테스트가 자신에게 맥주잔을 던진 관중을 폭행하면서 시작된 선수들과 관중들 간의 집단 싸움이다. 이로 인해 9명의 선수가 총 146경기 출전 정지와 1천1백만 달러의 벌금을 물었으며 대부분의 선수는 형사 처벌까지 받은 NBA 사상 최악의 사건이다.

빚을 갚아 주고, 담보 대출을 주선했으며, 선수들과 코치들 사이에 언쟁이 높아질 때면 개인 비행기를 타고 날아와서 중재하기도 했다. 그의 역할이 어떻게 정의되든 NBA 선수들은 그를 신뢰했고, 대학교 선수들과 프로 팀 감독들은 그를 존경할 만한 사람으로 인정했다. 웨슬리가 관계 형성에 뛰어났다는 것에는 의심의 여지가 없었다. 나이키가 조던을 통해 르브론의 환심을 샀다면 리복의 웨슬리는 르브론의 또 다른 영웅을 이용했다. 바로 힙합계의 영웅 제이지였다.

웨슬리와 가장 친했던 선수 중 한 명인 대주안 와그너는 웨슬리에게 조카 이상이었다. 웨슬리는 와그너의 대부였다. 와그너는 르브론이 고등학교 졸업반 시절 클리블랜드 캐벌리어스 팀에서 신인 선수로 뛰고 있었다. 와그너의 아버지 밀트와 웨슬리는 고등학교 시절부터 알고 지냈으며, 밀트가 NBA에 진출하면서 웨슬리도 농구 브로커로서 경력을 쌓기 시작했다. 또한 웨슬리는 필라델피아 출신 리언 로즈가 에이전트 사업을 시작하도록 도와줬고, 로즈가 NBA에서 가장 강력한 에이전트 중 하나가 되는 데 중요한 역할을 했다. 로즈는 와그너의 에이전트 역할을 했고, 이 모든 것 덕분에 2002-2003 시즌 때 웨슬리는 클리블랜드에서 많은 시간을 보냈다.

한편, 그 시즌에 르브론은 캐브스(캐벌리어스 팀을 줄여서 부르는 말) 경기를 관람하기 위해 종종 경기장을 방문했는데, 캐브스는 르브론을 드래프트할 확률을 높이기 위해 언제나 그를 환영해 주었고 로커 룸 출입까지 허락했다. 캐브스는 르브론을 드래프트할 확률을 높이기 위해 그 시즌을 의도적으로 망쳐 버리고 있었다. 그런데 때마침 르브론이 클리블랜드의 한 고등학교 재킷을 입고 로커 룸에 나타났으니 캐브스는 환영하지 않을 이유가 없었다. 그리고 사실 르브론은 그 로커 룸을 이용하는 선수 중 이미 제일 잘하는 선수임에 틀림없었다. 캐브스 감독이었던 존 루커스는 르브론이 고등학생임에도 불구하고 경기장에서 운동할 수 있도록 허용했다. NBA에서 이를 알고는 드래프트 규칙을 위반했다는 이유로 르브론을 2경기 출장 정지시키고 팀에는 15만 달러의 벌금을 부과했다. 그럼에도 불구하고 르브론은 항상 캐브스 팀 주변에 있었다.

이것은 웨슬리가 르브론과 그의 친구 및 가족과 관계를 형성하는 데 도움을 주었다. 웨슬리가 누구에게서 어떤 식으로 월급을 받는지는 아무도 알지 못했지만 그는 꾸준히 선수들을 로즈 에이전시에 영입시키려고 노력했다. 로즈는 아이버슨의 대리인으로, 2001년 리복과 평생 계약을 체결했다. 르브론과 그 중요한 미팅을 갖기 위해 리복의 전용기가 애크런에 착륙했을 때도 웨슬리는 리복 리크루팅 팀의 일원으로 그 자리에 함께했다.

그리고 리복이 그날 미팅의 첫 번째 프레젠테이션 발표자로 선정된 데는 이유가 있었다. 그들은 이뤄야 할 것이 가장 많았기 때문이다. 그해 초 리복은 코비 브라이언트에게 시즌당 최대 1천5백만 달러에 달하는 엄청난 금액을 제안했다. 몇 달 전 코비 브라이언트는 8백만 달러를 지불하고 아디다스와 계약을 파기한 상황이었다. 이미 세 번 연속 우승한 코비는 신발 업계에서 자유 계약 선수였으며 아이다스가 아닌 다른 브랜드의 신발을 신고 한 시즌을 보내고 있었다. 하지만 코비와 리복의 협상은 결렬되었고, 결국 코비는 나이키로 시선을 돌렸다. 여러 번 커다란 신발 계약을 성사시킨 적이 있던 르브론의 에이전트 에런 굿윈은 리복이 코비와의 협상에서 실패한 것을 알고 일부러 입찰 전쟁을 일으키기 위해 전략을 설계했다. 그는 코비 브라이언트를 놓치고 또 다른 스타를 얻기 위해 혈안이 되어 있던 리복이 르브론에게 큰 금액을 제시할 거라고 판단해 처음부터 계약 가격이 높게 설정되도록 계획했던 것이다. 굿윈은 리복 관계자들에게 엄청난 금액을 제안하지 않으면 르브론이 리복의 제안을 진지하게 받아들이지 않을 거라고 귀띔까지 해놓았다.

리복의 이런 강력한 제안 이후, 르브론은 자연스럽게 메릿과 바카로 모두 이만한 제안을 내놓을 의향이 있을지 가늠해 보았다. 이 협상은 꽤 오랫동안 지속되었고, 사람들은 협상 결과가 어떻게 될지 나름 예측했다. 이들 사이에서 논의되고 있는 돈은 당사자들이 상상했던 것보다 훨씬 더 높았다. 처음으로 르브론은 자신이 수년 동안 그려 왔던 나이키나 아디다스가 포함되지 않은 또 다른 미래가 있을지도 모른다고 생각했다.

바카로는 르브론에게 아디다스가 연간 1천만 달러로 10년 동안 1억 달러를 보장하겠다고 넌지시 말해 두었다. 어마어마한 이 금액은 몇 년이 지난 지금도 가늠하기 어려운 것으로 여겨지고 있다. 세 기업의 거래 성사가 간절해질수록 르브론은 유리해져 갔다. 바카로는 꼭 해내고 싶었다. 이 거래가 성공한다면 굉장한 커리어가 될 것이기 때문이었다.

바카로는 이 거래를 오랫동안 준비했고, 모든 것이 자신의 주도대로 진행될 수 있도록 회사의 최고 경영진과도 미리 이야기해 두었다. 주말에 예정된 미팅을 위해서도 상당한 돈을 들였다. 아디다스는 르브론이 리복과의 미팅에서 돌아온 지 이틀 뒤 금요일에 르브론과 그의 친구들을 위해 개인 전용기를 보냈다. 그들이 도착한 날, 아디다스는 르브론에게 레이커스 플레이오프 경기의 코트사이드 좌석을 제공했다. 그날 레이커스는 샌안토니오 스퍼스를 꺾고 승리했으며, 그 경기에서 코비는 조던 신발을 신고 39점을 기록했다. 다음 날 회사 측에서 예약해 둔 태평양이 한눈에 내려다보이는 말리부 해변의 한 맨션에서 프레젠테이션이 시작되었다.

매끄러운 진행과 잘 짜인 마케팅 콘셉트, 거기에 미리 제작해 온 신발 모형까지, 모든 것이 완벽해 보이는 미팅이었다. 그러나 리복과의 미팅 이후 분위기가 바뀌었고 최종 가격을 제시할 때 문제가 발생했다. 1억 달러는 없었던 것이다. 독일의 아디다스 본사가 최종 승인을 머뭇거려, 결국 훨씬 더 적은 금액을 제시할 수밖에 없었다. 특별한 경우 1억 달러 이상의 인센티브와 로열티를 줄 수 있다고 했지만, 어쨌든 보증된 금액은 6천만 달러 수준이었다. 리복이 참여하지 않았다면 이것도 엄청난 금액이었을 것이다. 하지만 리복과의 만남 이후 6천만 달러는 더 이상 매력적인 금액이 아니었다. 회의실 안 공기가 무거워졌다. 바카로는 르브론과 그의 어머니에게 개인적으로 사과했다. 그는 풀이 죽어 버렸다. 르브론과 계약이 성사되지 않을 거라는 점 때문이 아니라, 본사로부터 승인받는 데 성공하지 못했기 때문이었다. 그날 그는 더 이상 아디다스에 있을 이유가 없다고 결정했고, 두 달도 되지 않아 사임했다. 르브론은 리복과의 1억 달러를 생각하며 집으로 날아갔다.

그리고 그다음 주 금요일, 르브론과 그의 가족을 데려오기 위해 애크런에 또 다른 개인 전용기가 도착했다. 이번에는 나이키에서 보낸 것이었다. 나이키는 협상의 마지막 주자가 되기를 원했다. 협상을 더 잘 통제할 수 있을 거라고 생각했기 때문이다. 그러나 그와 같은 전략에는 한 가지 약점이 있었다. 나이키만의 사업 방식 때문이었다. 그들은 대체로 입찰 전쟁에 참여하는 것을 좋아하지 않았다. 그들은 뛰어난 제품과 브랜드 이미지 및 마케팅 덕분에 경쟁 업체들보다 적은 비용으로 선수들과 계약을 하곤 했다. 운동선수들은 나이키와 제휴하기를 원했다. 한 가지 예로 르브론이 오기 불과 일주일 전, 또 다른 농구 스타 카멜로 앤서니는 나이키 본사가 위치한 비버턴에 왔고, 프레젠테이션, 협상 및 나이키 합류 계약이 단 하루 만에 이뤄졌다.

그러나 리복의 제안을 받은 이후, 르브론은 먼 길을 떠나기 전에 몇 가지 확답을 원했다. 르브론은 메릿과 주기적으로 이야기를 나눴지만, 메릿은 나중에 들으면 좋아할 금액이라는 말만 할 뿐 어떠한 금액도 제시하지 않았다. 사실, 메릿의 임무는 선수와 좋은 관계를 형성한 다음 나이키가 당신과 함께할 거라는 특별한 관계를 판매하는 방식이었지 엄청난 금액을 지불하는 방식이 아니었다. 한편 아디다스 경영진은 상황을 평가한 결과, 르브론이 1억 달러의 재정적 가치를 지니고 있지 않다고 판단했다. 나이키 임원들도 평가 조사 결과 같은 우려를 품고 있었다.

수년 동안 나이키의 연례 보고서에서 〈수요 창출 비용〉이라는 용어를 발견할 수 있었는데, 이것은 선수와의 계약, 마케팅 및 광고에 대한 지출의 포괄적 표현이었다. 나이키는 일반적으로 매출의 약 11~12퍼센트를 이 비용에 사용했다. 이 공식에 따르면, 나이키는 르브론과 1억 달러의 보증 계약을 맺을 경우 그의 신발과 의류 계약 기간에 약 8억 5천만 달러의 수익을 창출할 것이라는 계산이 나와야 했다. 그것은 어마어마한 사업이자 도박이었다. 아디다스의 CEO 허버트 하이너는 이러한 계산이 성공할 확률이 높지 않다고 판단했던 것이다. 필 나이트에게도 한계점이 있었을 것이다.

선수들과의 계약에는 그저 단순히 숫자로만 계산할 수 없는 부분도 있다. 나이키는 고객들에게 〈멋진〉 또는 〈쿨〉한 브랜드 이미지를 각인시켜 왔는데, 르브론이 나이키와 함께해 이런 이미지를 얻는다면 그것은 수치화할 수 없는 혜택이었다. 한편, 나이키는 이미 2003년 당시 〈수요 창출 비용〉으로 12억 달러(2017년에는 36억 달러) 이상을 지불하고 있었다. 2003년 봄에는 FA 농구 선수들을 쫓는 동시에 경쟁 회사였던 컨버스를 인수하는 데 현금 3억 5백만 달러를 지불했다. 모든 것은 상대적이다. 나이키는 르브론을 원했지만 무리한 거래를 하고 싶지는 않았다.

　르브론은 이런 점들을 인식한 상태로 엄마와 함께 그들의 제안을 듣기 위해 나이키 본사로 갔다. 이번에는 카터도 동참했다. 학교 때문에 르브론은 금요일 오후가 되어서야 비행기에 올라탔다. 이건 르브론을 위한 프레젠테이션이 토요일에 있었다는 것을 의미한다. 대부분의 프레젠테이션을 평일에 하는 나이키로서는 꽤 이례적인 일이었다. 프레젠테이션은 본사에서 가장 크고 옅은 녹색 창문이 있는 매끈한 새 건물, 미아 햄[10] 빌딩에서 진행되었다. 이 프레젠테이션에는 특수 조명, 비디오, 예술품과 같은 나이키 제품들까지 동원되어, 지금껏 나이키의 프레젠테이션 중 가장 웅장했다. 수년간 나이키의 마케팅을 담당해 온 포틀랜드 크리에이티브 에이전시 〈위든＋케네디〉가 기획한 것이었다. 르브론을 위해 만든 작품을 읽어 줄 시인까지 고용했다. 그의 신발이 어떻게 생겼는지, 그의 의류 라인에는 어떤 셔츠와 반바지, 양말이 있는지 설명했다. 여러 테마 중 하나는 르브론을 대표하는 별명인 킹 제임스와 관련해 르브론을 사자로 표현한 것이었다. 일부 나이키 경영진들은 제품 개발과 그에 들인 노동 시간을 따져 본다면 이번 프레젠테이션을 위해 쓴 돈만 수십만 달러에 이를 것으로 추정된다고 전했다.

　드디어 본격적으로 이야기가 시작되었다. 일반적인 경우, 이런 금액과 계약 조건을 논의하는 자리에는 선수의 에이전트가

　10 미아 햄은 당시 미국 여자 축구 선수로, 세계 여자 축구 역사상 가장 위대한 선수로 여겨진다.

회의실에 들어가고 선수는 참여하지 않는다. 굿윈과 굿윈이 이 자리를 위해 특별히 고용한 나이키의 전 변호사 프레드 슈라이어가 협상 자리에 앉아 있고, 나이키 측에서는 나이키의 최고 마케팅 임원인 랠프 그린과 애덤 헬펀트가 참석했다.

하지만 대본대로 흘러가지 않았다. 르브론은 구체적으로 제안이 오가는 자리에 참석하기를 원했고 나이키는 이 부분에서 준비가 되어 있지 않았다. 그리고 르브론은 그의 어머니 글로리아도 동참하기를 원했다. 그래서 리복의 경우에는 금액을 제시할 때 그들을 회의실에 참여시켰고 리복은 1천만 달러의 수표를 꺼냈던 것이다. 르브론은 그 정도 거창한 무언가를 바라는 것 같았다. 하지만 그것은 나이키가 하는 사업 방식과 매우 달랐고, 나이키 경영진이 프레젠테이션에 참석한 나이트에게 이의를 제기했음에도 불구하고 나이트는 르브론과 글로리아가 회의에 참석하는 것을 허락했다. 결국 나이키가 제시한 금액은 르브론과 그의 가족에게서 기쁨과 놀라움의 눈물을 이끌어 내지 못했다. 계약 금액은 7천만 달러에 약간 못 미쳤다. 사이닝 보너스에 관련해서는 리복이 1천만 달러를 제시했다는 소문을 익히 들었기 때문에 나이키 또한 비슷한 금액을 제시할 예정이었다. 하지만 그들은 르브론에게 이런 부분을 직접 이야기할 준비가 되어 있지 않았다. 나이키는 르브론이 서명할 때 5백만 달러를 지불하고 나머지 5백만 달러는 나중에 최종 계약서가 완성된 후 급여의 일부로 지급하려고 했다. 그리고 그 회의실 테이블에는 어떠한 수표도 없었다. 글로리아는 나이키의 제안에

울지 않았다. 지금껏 여러 프레젠테이션을 통해 고조되었던 감동들이 순식간에 사그라져 버렸다.

여기서 다른 선수들과 비교해 보면, 타이거 우즈가 나이키와 맺은 첫 거래 금액은 3천5백만 달러였다. 코비 브라이언트는 같은 해 나이키와 4천만 달러에 계약을 체결했다. 이렇게 보면 나이키가 그날 테이블에서 제시한 금액은 엄청난 것이었다. 단지, 리복의 제안만큼 대단하지 못했을 뿐. 회의는 더 이상 진행되지 않았다. 회의가 끝나고 나이키 본사를 떠날 때, 르브론은 나이키 운동화를 신지 않을 것처럼 보였다. 몇 달 전 메릴린치의 한 주식 분석가는 나이키가 르브론을 영입할 거라고 예측하며 나이키 주식에 매수 등급을 올렸다. 그 당시 르브론의 담당 변호사는 입찰 전쟁이 계속되길 원했기 때문에 그것을 부인하는 성명까지 발표할 정도였다. 르브론 측의 부인과 상관없이 나이키가 이 거래를 성사시킬 것이라는 기대에 주식은 상승세를 보였고, 만약 그들이 르브론과의 계약을 성사시키지 못하면 일시적이나마 주가가 떨어질 만큼 이 계약은 큰 주목을 받았다.

그날 밤 르브론은 메릿의 집을 찾아갔다. 모두가 이미 끝난 상황이라 생각했고, 메릿은 이것이 르브론과 보내는 마지막 시간이 될 거라고 짐작했다. 그들은 약간의 유대 관계를 맺게 되었다. 르브론은 그 당시 십 대였던 메릿의 아들과 친구가 되었고, 같이 비디오 게임을 하며 시간을 보냈다. 메릿은 일요일에 르브론을 공항에서 배웅하면서도 나이키와 르브론의 전망에 대해 긍정적으로 생각하지 않았다.

굿윈은 다음 주 수요일까지 거래를 성사시키고 싶었다. 르브론이 다음 시즌 어떤 팀에서 뛸지 결정되는 NBA 드래프트가 다음 주 목요일 뉴저지에서 열릴 예정이었기 때문이다. 르브론이 거대한 시장인 뉴욕 닉스로 갈지, 가장 작은 시장인 멤피스 그리즐리스로 갈지 알 수 없었다. 단지 굿윈은 르브론 팀의 시장 규모가 입찰 전쟁에 영향을 주는 것을 원치 않아, 마감일을 정해 회사들이 최상의 제안을 하도록 장려했다.

월요일 아침, 나이키 직원들은 주말 동안 르브론이 계약서에 서명했다는 소식을 기대하며 출근했다. 이번 프레젠테이션을 위해 1백여 명이 넘는 직원이 함께했으며, 이들 중 몇몇은 이번 입찰에 기여가 컸다는 축하를 듣고 싶어 했다. 그러나 마케팅 임원들이 근무하는 존 매켄로[11] 빌딩에 들렀을 때, 그들은 진실을 듣게 되었다. 소문은 순식간에 퍼져 나갔다. 〈우리와 리복 간의 금액 차이가 엄청났다.〉 나이키는 경쟁 입찰에서 지고 있었고, 상황은 더 악화되고 있었다. 끝난 것은 아니었지만, 그렇다고 더 나아질 것도 없었다. 나이키는 더 높은 금액을 제시할 준비가 되어 있었지만, 굿윈이 먼저 금액을 제안하기를 원했다. 하지만 굿윈은 먼저 제시할 의향이 전혀 없었다. 이런 줄다리기를 하며 하루가 지났다. 결국 메릿은 굿윈에게 다시 제안서를 제출했지만, 양측의 차이는 좀처럼 줄어들지 않았다.

한편, 굿윈은 리복과 계속해서 연락을 유지했고 리복은 계약을 성사시킬 만한 기회를 엿보았다. 그들은 금액을 더 올려 1억

11 세계적으로 유명한 테니스 선수.

달러 이상을 제안했다. 사이닝 보너스와 다른 부수적인 것들까지 포함하면 최종 금액은 1억 1천5백만 달러 정도였다고 당시 상황을 잘 아는 사람들은 말했다. 어마어마한 금액이었다. 그 주 화요일에 리복과 굿윈은 계약을 공식화하기 위해 모든 관련자가 르브론의 고향인 애크런으로 날아갈 계획을 세울 정도로 마무리 단계에 이르렀다. 리복은 정말로 이 계약을 성사시키고 싶었다. 그렇게까지 생각하지 않았다면, 굳이 경영진과 변호인들, 관련 서류들까지 애크런으로 보내지는 않았을 것이다.

이 모든 것이 진행되는 동안 르브론은 이미 백만장자가 되어 있었다. 굿윈은 르브론의 첫 계약으로 기념품 및 트레이딩 카드 제조 업체인 어퍼 덱과 약 6백만 달러에 달하는 패키지 계약을 성사시켰다. 굿윈이 예약한 애크런 시내에 있는 호텔 스위트룸에서 르브론이 계약에 서명했을 때 어퍼 덱의 대표는 그에게 사이닝 보너스로 1백만 달러의 수표를 건넸다. 르브론은 늘상 있는 일처럼 아무렇지 않게 1백만 달러 수표를 반으로 접어 주머니에 넣고 학교로 돌아갔다. 이 모든 일이 그가 친구들과 함께한 졸업 학년의 마지막 날들, 그리고 그가 아끼고 싶은 날들을 보내는 동안 일어났다.

하지만 르브론은 다른 생각을 하고 있었다. 그는 여태까지 여러 회사에서 제시한 금액들을 잘 알고 있었기에 리복으로 갈 수도 있음을 지난 몇 주 동안 잘 인지하고 있었다. 하지만 리복과의 계약은 그가 원하는 것이 아니었다. 그는 그들의 신발을 그리 좋아하지 않았다. 몇 년 전, 리복이 후원하는 선수 중 한 명인

숀 켐프는 한 신문 기자와의 인터뷰에서 리복이 그에게 준 신발이 경기 중에 결함이 있었고 심지어 〈일회용〉이라고 말했다. 리복은 그것에 대해 켐프를 고소했지만, 그는 똑같이 말했다. 르브론은 항상 나이키를 신고 있는 자신의 모습을 상상해 왔고, 그들의 멋진 광고의 일부가 되어 디자이너들과 함께 작업하기를 원했다.

하지만 리복이 제안한 금액은 다른 데보다 수천만 달러가 많았다. 르브론의 망설임을 멈추게 할 수 있는 수준의 돈이었다. 나이키도 그 정도 금액을 줄 수 있었다. 솔직히 말하면 나이키에게는 그리 큰돈이 아니었다. 하지만 그들은 다른 선수들과도 계약을 맺어야 하기 때문에 어느 정도 선을 그을 수밖에 없었다. 르브론은 자신의 미래를 상상할 때마다 항상 나이키 운동화를 신고 있는 모습을 그려 왔다. 나이키 광고에 나오는 꿈을 꿨고 조던처럼 되고 싶었다. 르브론은 나이키와 함께하고 싶었다. 〈나이키의 가족이 되고 싶다〉고 생각했다. 조던의 발자취를 따르고 싶었고, 나이키가 모두가 아는 최고의 브랜드였기 때문이다. 또 자신이 그토록 원하던 나이키를 입고 싶다는 고집도 있었고, 메릿과의 의리도 있었다.

드디어 수요일이 되었다. 일찍이 애크런에 도착해 있던 리복 관계자들은 한 호텔 방에서 계약을 맺기 위해 기다리고 있었다. 하지만 그 시각 굿윈은 나이키 측에 전화를 걸어 르브론이 나이키와 계약을 원한다고 알려 주었다. 나이키가 더 높은 금액을 제시하고 몇 가지 조건에 동의한다면 그들은 르브론을 얻을 수 있을 거라고 말했다. 나이키의 경영진 헬펀트와 그린은 본인들이 다시 게임에 복귀했음을 깨닫고 광분했다. 전설적인 스포츠 에이전트 마크 매코맥의 장례식에 참석하기 위해 뉴욕에 있던 나이트는 그 소식을 듣고 제안 금액을 올리는 것에 승인했다. 리복 관계자들이 기다리는 동안, 경쟁 브랜드 나이키는 저녁이 될 때까지 계약서의 주요 내용이 담긴 합의서를 작성했다. 그들의 작업이 마무리될 무렵, 나이트는 팜스프링스에 있는 그의 집으로 날아가기 위해 뉴욕에서 비행기 수속을 마쳤다. 그가 비행기에 오른 다음에는 여섯 시간 동안 연락을 취할 수 없었다.

드디어 르브론은 나이키와 7천7백만 달러의 보증 계약과 1천만 달러의 계약 보너스에 합의해 총 8천7백만 달러로 계약을 맺기로 했다. 나이키 경영진은 계약서를 팩스로 보내 빨리 르브론이 서명하기를 원했다. 그들은 팩스기 옆에서 르브론의 서명이 담긴 계약서가 돌아오기만을 기다렸다. 르브론은 호텔에 도착했지만 리복 관계자들을 만나러 가지 않고, 대신 굿윈과 슈라이어를 만나 그의 인생에서 가장 중요한 계약 중 하나에 서명했다.

굿윈은 리복 경영진에게 이 소식을 전하기 위해 내려갔다. 그들은 소식을 듣자 이 상황에 매우 분노했다. 자신들이 이용당했다는 것을 그제야 깨달은 것이다. 희생양이 되려고 여기까지 날아온 셈이었다. 마지막 반론 기회조차 주어지지 않아 더욱 분노가 치밀었다.

굿윈은 모든 일이 선의로 일어났다고 믿는다. 그는 리복과 거래를 체결할 거라 믿고 진행해 왔다. 굿윈은 이렇게 많은 돈을 테이블에 남기는 사람을 본 적이 없었다. 특히 십 대가 말이다. 어쨌든 굿윈은 결국 나이키로부터 가능한 한 많은 돈을 끌어냈다. 그것이 그의 고객이 원하던 것이었다. 사실 최종 계약 금액이 나이트가 승인한 금액보다 많았기 때문에 나이키 경영진들은 나이트에게 계약 체결 사실을 알리며 조금 걱정할 수밖에 없었다. 공항에 착륙해 그들이 이겼다는 소식을 전해 들었을 때 물론 나이트는 너무 기뻐 금액에 대해선 언급조차 하지 않았다.

사실 르브론은 로열티까지 치면 나이키와의 거래를 통해 1억 달러 이상의 돈을 벌었다. 나이키와의 계약 내용이 공개되자(어떤 매체에서는 9천만 달러 상당의 거래로 보고하기도 했다) 농구 채널은 물론 24시간 뉴스 쇼와 전국 신문에서도 엄청나게 주목했다. 그 금액은 놀라운 수준이었고, 이 내용은 하나의 문화적 스토리가 되었다. NBA 선수들 사이에서도 반응이 뜨거웠다. NBA 경기장에 아직 첫발도 디디지 않은 르브론은 조던 외에 가장 높은 신발 계약을 체결한 선수가 되었다. 당시 NBA를 대표하는 선수 중 하나였던 코비 브라이언트의 계약금보다 두 배 이상 얻어 낸 셈이었다.

다음 날 리복의 주가는 폭락했다. 폭락 전주에 가장 높은 입찰가를 제시했으며 그들이 이길 비장의 카드가 있다는 소문이 있었기 때문에 회사 측은 입장을 발표할 필요가 있었다. 「르브론 제임스가 리복에 엄청난 자산이 되었을 거라고 생각하지만, 그와 장기적 파트너십을 확보하는 데 드는 비용은 우리가 기꺼이 투자할 수 있는 수준을 훨씬 뛰어넘었습니다. 리복의 가장 큰 경쟁자가 마지막 순간 테이블에 더 많은 돈을 걸었고, 우리 비즈니스와 주주에게 가장 좋은 것이 무엇인지 신중하게 고려한 후 리복은 추가 제안을 하지 않기로 결정했습니다. 최근 리복이 이룩한 성과와 성공이 이번 경쟁에서 우리의 가장 큰 경쟁업체에 막대한 비용을 부담하도록 압력을 가했다는 것에 스스로 매우 만족스럽게 생각하고 있습니다.」

이것은 정말 놀라운 일이었다. 세계적 기업이 십 대 청소년과 신발 계약을 체결하지 않았다고 성명까지 내다니. 내용 또한 사실이 아니었다. 실제로 리복은 훨씬 더 많은 돈을 제시했다. 나이키의 거래가 9천만 달러의 가치가 있다는 뉴스를 보았을 때 — 금액이 정확한 것은 아니었지만 — 그들도 그 사실을 알았다. 어찌 되었든 그들이 나이키를 자극한 것은 사실이었다.

르브론과 나이키의 파트너 관계는 그 후 몇 년 동안 우여곡절을 겪었지만, 대체로 멋진 결혼 생활과 같았다. 르브론의 트레이드 마크가 되었던 클리블랜드 퀴큰 론스 아레나 외부에 두 개의 거대한 광고판을 포함해 몇 차례 엄청난 마케팅 캠페인이 있었다. 르브론은 그의 흑백 사진에 〈우리 모두가 목격자We are all witnesses〉라고 쓰인 첫 번째 광고판을 너무 좋아해 그의 다리에 목격자witness라는 문신을 새기기까지 했다. 양측 다 어마어마한 돈을 벌었고, 특히 르브론은 수억 달러를 벌어들였다.

당시 르브론은 몇 가지 사항과 관련해 나이키를 신뢰하고 있었다. 데뷔 초에 어려움을 겪더라도 자신을 지지할 것이라는 것, 그들이 보유하고 있는 많은 운동선수 사이에서 르브론만의 개성을 보여 줄 것이라는 것, 보기 좋고 대중에게 잘 팔릴 뿐만 아니라 그가 실제로 신고 싶어 하는 신발을 만들어 낼 것이라는 것, 그리고 조던과 마찬가지로 사람들이 오랫동안 기억할 만한 광고의 주인공으로 자신을 써줄 것이라는 것 등이었다.

캡 모자를 거꾸로 쓰고 유치한 조크를 하며 친구들과 어울리기 좋아하는, 어찌 보면 우리가 흔히 접할 수 있는 십 대의 르브론은 속으로 장기적 미래까지 계획하고 있었던 것이다. 누가 알려 준 것은 아니지만, 르브론은 스스로 그런 것들이 중요하다고 여겼다. 열여덟 살짜리가 생각할 흔한 일은 아니었다. 미래가 창창한 십 대가 계약이 끝날 시점, 나아가 경력이 끝날 때 자신의 위치까지 고려한다는 것은 결코 쉽지 않은 일이다.

물론 르브론이 나이키를 선택한 것은 그가 나이키를 좋아하고 동경했기 때문이다. 그는 어릴 적 나이키를 신은 조던을 봐왔고, 그가 우상으로 여기던 조던처럼 되고 싶었다. 나이키가 그를 위한 멋진 광고와 기억에 남을 캠페인을 만들어 줄 거라는 기대를 안고 나이키를 선택한 것도 맞다. 또 그에게 최고 디자인의 운동화를 제공할 거라는 점도 작용했을 것이다. 그러나 무엇보다 그는 매우 중요한 순간 눈앞에 보이는 현금보다 미래를 내다볼 줄 알았고, 그렇기에 나이키를 선택했다.

이 계약은 이후 남은 경력 동안 내린 많은 사업상 결정의 발판이 되는 가치 체계와 본능을 보여 주었다.

몇 년 뒤 리복은 아디다스에 매각되었고, 그로부터 몇 년 뒤 리복의 농구 담당 부서는 규모가 매우 축소되었다. 르브론은 몇몇 회사가 제시한 것들보다 자신의 미래를 더 중요하게 여겼다. 하지만 그 사실은 계약 내용과 돈에 대한 기억으로 사라져 버렸다. 르브론의 이런 부분이 우리가 무엇보다 가장 중요하게 받아들여야 하는 점이다. 물론 우편으로 받은 1천만 달러 수표를 무시할 수는 없지만 말이다.

2018년에 르브론은 말했다. 「나이키와의 계약은 사업상 내가 한 결정 중 제일 중요한 것이었어요.」

4
네 명의 기사

음악 소리가 너무 커 임시 무대 위 사회자가 마이크에 대고 큰 소리를 질러 대도 들리지 않았다. 형형색색의 화려한 조명들이 역동적으로 움직이고, 옷을 거의 입지 않은 모델들이 런웨이를 활보했다. 르브론 제임스를 표현하는 나이키 의상을 여성 모델들이 다양한 방식으로 입고 있었다. 그중 한 명은 〈King〉이라는 단어만 보이도록 가슴만 감싸 놓은 티셔츠를 입고 있었다.

그녀가 관객들에게 의상을 뽐내기 위해 몸을 돌리는 순간 뒷부분의 매듭이 풀려 버렸다. 의도적이었는지 사고였는지는 모르지만, 무대 앞을 메운 십 대들은 예상치 못한 쇼를 접했다.

이 모든 일이 2003년 12월 중순 어느 날 밤 필라델피아 북부에서 일어났다. 나이키는 브로드 스트리트에 있는 한 대형 신발 가게를 공연 공간으로 꾸며 놓고 〈줌 제너레이션〉으로 칭한 르브론의 첫 번째 신발을 출시했다. 어둡고 쿵쾅거리는 소리 때문에 공연장은 산만하고 집중하기 힘든 분위기였다. 한겨울, 목요일 밤, 그리고 필라델피아를 첫 번째 출시 날짜 및 장소로 선택한 것은 아마도 그 당시 그곳을 점령하고 있던 리복과 앨런 아이버슨에게 던지는 묘한 메시지가 있는 듯했다.

르브론이 나이키와 첫발을 내딛는 상징적인 순간이었다. 그는 스스로를 농구 선수뿐만 아니라 하나의 브랜드로 내세우고 싶었고, 스포츠 마케팅 콘퍼런스에서 패널들이 멋진 예로 들 만한 그런 스토리를 만들고 싶어 했다. 르브론 주위에서는 카메라 플래시가 수없이 터졌고, 많은 이가 흥분된 상태였다. 그리고 수많은 금액이 오갔다. 하지만 쇼 진행 자체는 매끄럽지 못했다.

나이키와 어마어마한 계약을 성사시킨 뒤, 르브론과 그의 에이전트 에런 굿윈은 음료 회사와의 스폰서십 체결로 관심을 돌렸다. 이것은 매우 일반적인 일이었다. 스타 골퍼들이 골프 클럽과 골프공 스폰서십을 맺듯, 농구 스타들에게는 신발과 음료 회사와의 스폰서십 계약이 자연스러웠다. 신발을 계약할 때처럼 다양한 입찰자가 뛰어들었다. 두 대기업 펩시와 코카콜라 역시 르브론과 계약하기 위해 만남을 갖고 싶어 했다.

마이클 조던은 1990년대 중반 〈마이크처럼 되고 싶어요Be Like Mike〉라는 상징적인 광고를 제작한 펩시와 게토레이의 모델이었다. 게토레이는 NBA 스포츠 음료 공식 후원사로도 오랜 인연을 이어 왔다. 모든 NBA 경기장 벤치와 선수들이 사이드라인에서 마시는 모든 컵에 게토레이 로고가 새겨져 있었다.

코카콜라 역시 스프라이트라는 음료 브랜드를 NBA 올스타전 공식 탄산음료로 계약하고 있었다. 어린이와 젊은 층을 대상으로 광고하는 점에서 코카콜라는 르브론에게 매력적으로 다가왔다. 코카콜라의 NBA 대표 행사는 올스타전 경기 중에 열리는 슬램 덩크 대회였다. 그 대회에서는 스프라이트 로고가 경기장 전면을 장식했다.

그리고 뉴욕에 본사를 둔 비타민워터 제조 회사 글라소도 입찰에 뛰어들었다. 글라소는 2003년 당시 설립된 지 3년밖에 안된 브랜드지만 빠르게 성장하고 있었다. 연간 매출이 1억 달러 이상으로 꽤 인상적인 성장세를 보이고 있었지만, 펩시나 코카콜라의 가장 작은 브랜드와도 비교할 수 없는 숫자였다. 다시 말해, 글라소는 다른 큰 경쟁자들처럼 많은 현금을 제시할 수 없었다. 이 젊은 회사는 뉴욕과 그 주변의 건강식품 시장 및 샌드위치 가게에서 비타민워터로 자리매김하는 데 성공했으나, 건강 음료라는 틀에서 벗어나 보편적인 음료수로 자리 잡고 싶어 했다. 이 부분에서 르브론이 제격이라고 생각했지만, 그를 얻을 가능성은 희박해 보였다.

글라소는 거액을 제시하는 대신, 그들이 르브론에게 제공할 수 있는 것을 제안하기로 했다. 그것은 회사의 주식이었다. 만약 그가 이 브랜드의 얼굴이 되어 성장할 수 있도록 돕는다면, 르브론 또한 큰 성공을 거두는 것이었다. 글라소는 인플루언서 마케팅의 힘을 믿고 있었다. 따라서 당시 뉴욕에서 가장 인기 있는 젊은 야구 선수인 뉴욕 메츠의 데이비드 라이트와 비슷한 계약을 체결했다. 라이트는 회사 주식의 0.5퍼센트를 얻었다. 회사는 라이트와 비슷한 유형의 파트너십을 르브론과도 만들고 싶었다. 정확한 숫자는 알 수 없지만, 회사는 르브론에게 라이트보다 훨씬 많은 주식을 제시한 것으로 알려졌다.

나이키와의 계약에서 보여 줬듯이, 르브론은 이미 홍보 게임의 최고 위치에 있었다. 굿윈은 선택에 신중했고, 르브론은 오랫동안 함께할 수 있는 회사와 거래하고 싶다는 의사를 분명히 밝혔다. 그는 또한 자신이 실제로 사용하는 제품을 홍보하고 싶어 했다. 실제로 그는 나이키를 신고 게토레이와 스프라이트를 마셨다. 하지만 비타민워터에 대해선 알지 못했다. 비타민워터는 이미 향미 워터 중 두 번째로 큰 규모의 브랜드였지만, 당시 펩시의 프로펠이라는 음료수 매출에 절반도 미치지 못하는 규모였다. 비타민워터의 미래는 매우 밝아 보였지만 확실한 건 아니었다. 나중에 유익한 교훈이 될 순간이었지만, 르브론은 글라소의 제안을 정중히 거절했다.

코카콜라는 굿윈과의 미팅에서 긍정적인 인상을 주었다. 그동안 선수들에게 제시한 제안 중 가장 큰 금액이었던 것이다. 그들의 제안 중 금액 외 또 핵심적이었던 것은 코카콜라가 예전부터 추구해 오던 방식을 벗어나 르브론을 스프라이트와 게토레이의 경쟁 음료인 파워에이드 두 개 브랜드의 모델로 내세우겠다는 것이었다. 그들은 즉시 르브론의 첫 게임을 광고하기 위한 마케팅 콘셉트를 제시했고, 뒤이어 각 브랜드의 호소력 있는 장기적 계획을 세웠다. 당시 코카콜라의 NBA 대표 모델은 코비 브라이언트였는데, 그는 콜로라도에서 강간 혐의로 소송 중이었다. 결국 코카콜라는 자신들의 홍보에서 그를 배제시킨 상황이었기 때문에 르브론은 코카콜라와 협상하는 데 매우 유리한 입장이었다. 계약을 성사시키기 위해 코카콜라는 르브론을 애틀랜타 본사로 초대해 강당에서 집회를 가졌는데, 그때 절반은 스프라이트를 대표하기 위해 녹색 옷을 입고 나머지 절반은 파워에이드를 대표하기 위해 파란색 옷을 입었다.

글라소가 무엇을 제안했더라도, 세계 최고 브랜드의 이런 제안을 넘기긴 힘들었을 것이다. 굿윈은 일부 인센티브까지 포함해 2천만 달러 이상의 가치가 있는 6년짜리 계약을 성사시켰다. 첫 번째 계약이 완료되었을 때 르브론은 8년 연장 계약을 했고, 그 후 또다시 계약을 연장시켰다. 현재까지 그는 4천만 달러 이상을 벌었으며 앞으로 더 많이 벌 것이다. 나이키와 마찬가지로, 최고의 파트너와 수년간 성과를 거둘 수 있는 장기적 선택이었다.

르브론의 첫 번째 텔레비전 광고는 스프라이트였다. 그가 고통스럽게 두두둑 소리를 내면서 마치 목이 꺾이는 것처럼 행동해 친구들을 놀라게 하는 장면이 있는데, 실제로는 머리 뒤에 있는 빈 스프라이트 병을 찌그러뜨리는 코믹한 광고였다. 르브론의 친구 리치 폴이 카메오로 등장한 이 광고는 아직도 르브론이 찍은 광고 중 기억에 남는 것 가운데 하나다.

NBA 올스타전 중 슬램 덩크 콘테스트는 스프라이트가 후원하고 있었는데, 스프라이트는 그가 대회에 참여하기를 간절히 원했다. 하지만 르브론이 계속 거절해 문제가 되기도 했다. 특히 그가 신인일 때 당시 대회는 로스앤젤레스에서 개최되었고 많은 사람의 관심을 사로잡을 수 있는 상황이었다. 하지만 처음부터 르브론은 코카콜라 측에 자신은 경기 내에서는 덩크를 잘하는 선수지만 이런 대회에서는 잘하는 선수가 아니라고 말했다.

그가 그렇게 생각한 이유 중 하나는, 고등학교 졸업반일 때 맥도날드 올아메리칸 게임의 일환으로 참가했던 덩크 콘테스트 때문일 것이다. 르브론이 우승을 하긴 했지만 약간 불공정한 것도 있었기 때문이다. 당시 대회에서 엄청난 점프 실력을 가진 새넌 브라운이 르브론을 능가했다. 하지만 대회는 클리블랜드 주에서 열렸고, 심사 위원은 고향 출신인 르브론에게 실력 이상의 점수를 주었다. 만약 로스앤젤레스였다면 그런 홈타운 어드밴티지가 없었을 것이다.

스프라이트와 굿윈은 르브론이 생각을 바꾸도록 여러 시도를 했다. 그들은 그를 슬램 덩크 대회에 참여시키기 위해 전국 팬들의 청원 서명을 모으는 멋진 캠페인도 기획했지만, 그는 여전히 신인 시절부터 거절해 오고 있었다. 그럼에도 불구하고 그와 코카콜라의 관계는 지속되었다.

한편, 르브론이 비타민워터와의 계약을 거절한 지 몇 달 후 글라소는 〈50센트〉로 잘 알려진 래퍼 커티스 잭슨과 광고 계약을 체결했다. 잭슨이 뮤직비디오에서 그들의 제품 중 하나를 마신 것이 계기가 되어 그들의 관계가 시작되었다. 르브론에게 제시한 것처럼 양측은 잭슨이 지분 파트너가 되는 계약을 맺었다.

3년 후, 글라소는 잭슨이 직접 만든 〈포뮬라 50〉이라는 새로운 맛의 비타민워터를 내놓았고, 이와 함께 성장한 비타민워터를 코카콜라는 40억 달러가 넘는 금액에 인수했다.

글라소는 비상장 회사였기 때문에 모든 기록이 비공개로 되어 있지만, 잭슨은 소유 주식을 매각했을 때 6천만 달러에서 1억 달러의 수익을 올렸다고 한다. 야구 선수 라이트 또한 수백만 달러를 벌었다. 그러던 중 2005년 르브론이 비타민워터의 광고에 등장했다. 변호사 역할이었는데, 비타민워터를 마시면 정신이 또렷해진다는 광고였다. 코카콜라가 잠시 르브론을 파워에이드에서 비타민워터 모델로 전환한 것이었다.

50센트의 경우는 르브론과 엄연히 달랐다. 코카콜라나 펩시같은 거대 경쟁 업체가 그와 사인하기 위해 달려들지도 않았고, 50센트가 비타민워터와의 계약을 위해 다른 더 큰 금액을 포기한 것도 아니었다. 하지만 그가 어떤 한 브랜드에 자신을 연관시키고자 한 의지가 결국 엄청난 돈을 벌게 해줬다.

르브론에게 이것은 큰 교훈이 되었다. 당시 십 대였던 르브론은 브랜드의 대표 모델이 되어 수백만 달러를 받는 것에 익숙해있었다. 글라소가 그에게 먼저 제안하지 않았더라도 비타민워터와 50센트의 거래는 그에게 연구해 볼 만한 매우 흥미로운 사례였다. 기업에 고용되는 것과 브랜드의 소유자가 되는 것의 차이를 알게 해주었다. 규모가 작은 회사가 간절하게 르브론의 브랜드 가치를 얻고자 잠재적으로 가치 있는 자신들의 지분을 기꺼이 내주려 할 경우, 계산된 위험을 감수하면 큰 성과를 거둘수 있다는 것을 알게 된 것이다.

어떤 면에서 르브론은 자기 나이키 브랜드에서는 오너와 마찬가지였다. 자신의 이름이 걸린 나이키 시그니처 신발을 가지고 있는 선수들은 보통 그 신발 매출의 5퍼센트를 로열티로 받고, 판매량이 어느 정도 이상 되면 추가 금액을 받는다. 그리고 특정 금액 또한 보장되는데, 르브론의 경우에는 이미 2003년부터 아직 신발이 한 켤레도 팔리지 않았지만 연간 1천1백만 달러를 받기로 되어 있었다. 그러나 한 회사의 소유권을 가지고 있는 것과는 엄연히 달랐다. 만약 나이키가 스타트업 기업이었을 때 회사의 지분을 5퍼센트 가지고 있었다면 얘기가 달라졌을 것이다. 미래의 비타민워터를 찾기가 어렵겠지만, 그렇다고 불가능한 것도 아니기에 해볼 만한 가치가 있었다. 르브론이 스무 살 생일 이후 알게 된 큰 교훈이었다.

르브론은 NBA 농구 팀에 적응하면서 친구들을 곁에 두기 시작했다. 약속한 대로 나이키는 르브론의 선배 매버릭 카터를 정규직으로 고용해 억대 연봉을 주며 르브론의 상품에 관여해 일할 수 있도록 했다.

르브론의 아버지 역할을 해주었던 에디 잭슨과 절친한 사이이자 에디 잭슨이 감옥에 갔을 때 그를 대신해 르브론에게 많은 도움을 주었던 랜디 밈스는 르브론의 오른팔이 되었다. 밈스는 르브론보다 열 살 많고 조용했지만, 주위 사람들은 그의 유머 감각을 좋아했다. 그의 직함은 르브론이 설립한 킹 제임스 주식회사의 로드 매니저였다. 하지만 기본적으로 밈스의 일은 르브론이 경기와 여행을 할 때 필요한 모든 것을 준비해 주는 역할이었다. 때때로 르브론이 경기 출전 준비가 되었다는 것이 확인되면 밈스는 혼자 다음 경기가 열릴 도시로 먼저 출발했다. 나중에는 캐브스는 밈스가 팀의 전용 비행기에 같이 탈 수 있도록 허락했다. 2005년에 캐브스는 그를 정규직인 〈선수 연락 담당자〉로 고용했다.

리치 폴은 르브론이 고등학생일 때 애크런캔턴 공항에서 처음 만났다. 르브론은 폴이 입고 있던 고가의 워런 문 스로백 셔츠를 감탄하며 바라보았다. 당시 르브론은 스로백 유니폼에 푹 빠져 있었다. 네 살 많은 폴은 그 당시 인기 많았던 스로백 유니폼을 파는 작은 사업을 했다. 폴은 비행기를 이용해 애틀랜타에 있는 공급 업체에서 물건들을 가져다 팔았다.

르브론은 클리블랜드 근처 가게에서 사진을 찍는 대가로 스로백 유니폼 두 벌을 공짜로 받아 고등학교 경기에서 출전 정지를 당했다. 이 사건은 고등학교 스포츠 협회가 르브론과 같은 신동(神童)을 다루는 데 미흡하다는 것을 드러낸 작은 스캔들이었다.

여기서 잠깐 짚고 넘어가자면, 르브론 덕분에 수십만 달러를 벌고 있던 협회가 물건 몇 개를 무료로 받았다는 이유로 르브론을 처벌하는 위선은 근시안적이고 부끄러운 일이었다. 그의 경기 대부분은 더 많은 티켓을 팔기 위해 더 큰 장소로 옮겨졌고, 모든 경기가 매진되었다. 심지어 그가 졸업반 당시 캐브스가 게임당 1만 2천 명 미만의 관중으로 NBA에서 꼴찌를 벗어나지 못하고 있을 때, 같은 경기장인 군드 아레나(현 퀴큰 론스 아레나)[12]에서 2만 석이 넘는 자리를 매진시켰다. 그의 게임 중 일부는 전국 텔레비전에, 다른 몇몇 게임은 지역 채널에, 그리고 일부는 유료 채널에서 방영되었다.

협회가 맺은 아디다스와의 계약으로, 르브론은 모든 텔레비전 클립과 사진에서 아디다스 로고가 박힌 신발과 유니폼을 입고 있었다. 경기 홍보 업체들은 르브론의 팀이 노스캐롤라이나, 뉴저지, 델라웨어, 캘리포니아에서 열리는 경기에 출전할 수 있도록 비용을 후원해 주고 있었다. 이 모든 것이 허용되었다. 하지만 작은 가게의 주인이 그의 사진을 벽에 붙이는 대가로 두 벌의 유니폼을 공짜로 준 것은 용납되지 않았다.

출장 정지 통보를 받고 며칠 후, 르브론은 클리블랜드 최고의 변호사 중 한 명을 고용했고, 그는 한 경기 출장 정지 직후 법정 싸움에서 이겼다. 고등학교 스포츠 협회의 규정은 르브론과 같은 선수를 위해 작성된 것이 아니었기에 당연한 결과였다. 법대 1학년생도 규정을 보면 이상하다는 것을 알 수 있었을 것이다. 사실 협회만 탓할 수도 없었다. 다른 학교로부터 질투 어린 불평과 민원이 너무 많이 들어와 감당하기 힘든 상태였다.

어쨌든 그날 공항에서 르브론은 폴에게 그가 탐내던 두 개의 유니폼에 대해 말했다. 금색 매직 존슨 스로백과 조 나마스[13]가 LA 램스에서 뛸 때 입었던 스로백이었다. 며칠 후, 폴은 그 두 개를 찾아냈다. 그 거래는 결국 오랜 우정의 시초가 되었다. 폴

---

12 지난 2020년에 로켓 모기지 필드하우스로 변경되었다.

13 미국 미식축구 쿼터백 선수.

은 그날 폴로셔츠를 입을지 스로백 유니폼을 입을지 고민했는데, 한 순간의 선택이 자신의 인생을 바꾸어 놓았다고 믿는다.

폴은 킹 제임스 주식회사의 두 번째 직원이 되었다. 폴은 클리블랜드의 난폭한 동네 출신이지만 사립 가톨릭 고등학교를 다녔는데, 거기서 그는 소수 인종이었다. 그와 르브론은 여러 면에서 연결고리가 있었다. 그의 역할 중 하나는 르브론이 참석하는 영리적 파티를 계획하는 것이었다. 그것은 2000년대 초와 중반 NBA의 소규모 사업 같은 것이었다. 르브론 같은 선수는 행사에 참석하면 수만 달러를 받을 수 있었다. 주최 측은 스타 선수와 함께하는 파티에 참석하기를 원하는 손님들에게 거액의 입장권을 받았다. 유명인들이 있는 VIP 구역에 들어가려면 추가 프리미엄 비용이 더 붙었다. 르브론은 뉴욕, 시카고, 로스앤젤레스, 마이애미, 워싱턴 D.C.와 같은 대도시에서 열린 행사에 캐브스가 쉬는 날이나 경기를 마치고 밤늦게 참석하기도 했다. 스물한 살이 된 후에는 최고급 클럽에서 그런 것들을 할 수 있었다.

르브론은 이들과 지내는 것을 편안해했다. 그들은 젊고 충성스러웠으며, 그는 그들을 전적으로 신뢰했다. 또 한 가지 확실한 것은 그들이 돈을 벌고 있었다는 것이다. 그들은 서로를 (묵시록의) 〈네 명의 기사Four Horsemen〉라고 부르기 시작했다. 유대감을 더 굳건히 하기 위해, 그들의 동맹을 기념하는 옷과 보석까지 제작했다. 카터와 폴은 종종 코트사이드 앞 좌석에 앉아 경기를 관람했고, 르브론은 그들이 원정 경기에 함께할 때면 더욱 안정감을 얻는 것처럼 보였다.

나이키와 계약을 맺고 계약금을 받은 뒤, 르브론은 애크런 바로 외곽에 있는 큰 부지를 약 1백만 달러에 매입했다. 그는 친구들과 〈깃발 미식축구〉[14]를 할 수 있는 1백 미터 길이의 축구장 정도 되는 장소를 원했다. 나중에 모두 허물고 그 자리에 거대한 저택을 지었지만, 땅을 살 당시 목적은 아무튼 그랬다. 그것 외에도 르브론은 클리블랜드에서 하는 홈경기 당일 집으로 돌아오기 위해 45분간 운전하기 싫을 경우에 대비해 클리블랜드에서 시간을 보낼 수 있는 고급 아파트를 빌렸다. 그런데 우연히도 대주안 와그너와 함께하기 위해 클리블랜드에서 시간을 계속 보내고 있던 웨스 웨슬리와 같은 층이었다.

웨슬리가 리복에 르브론을 안겨 주지는 못했지만, 그렇다고 그들의 관계가 끝난 것은 아니었다. 오히려 그것은 시작에 불과했다. 웨슬리는 수년간 어린 선수들이 NBA에 적응하도록 도와주었다. 르브론과 그의 친구들에게도 마찬가지였다. 나이키는 캐브스 경기를 위해 벤치 옆자리에 있는 네 개의 코트사이드 좌석을 샀는데, 필 나이트가 르브론의 첫 홈경기에 와서 거기에 앉았고, 메릿 또한 클리블랜드를 방문할 때면 그 자리를 이용했다. 그러나 대부분의 경기에는 웨슬리가 그 자리에 앉아 있었

14 미식축구에서 비롯된 뉴 스포츠로 태클과 몸싸움 없이, 공을 가진 선수가 허리에 찬 벨트에 달린 두 개의 깃발을 빼앗기지 않고 상대 진영에 공을 들고 들어가 득점하는 경기.

다. 그렇다, 비록 몇 달 전까지 리복과 함께했지만, 사실 그는 당대 최고의 프리랜서였다. 그는 어떤 일을 해야 하는지, 어떤 기회가 자신에게 제시되는지에 따라 회사를 자유롭게 옮겨 갔다.

르브론은 NBA에서 뛴 지 2년째부터 경기 외 행동들로 성장통을 겪기 시작했다. 두 번째 시즌 전지훈련 중에 오랜 연인 서배너 브린슨이 르브론의 아들을 출산했다. 이때부터 르브론의 삶이 바뀌기 시작했다. 그는 아들을 르브론 주니어라고 이름 지었다. 르브론 팀은 콜럼버스에 위치한 캐피털 주립 대학교에서 전지훈련을 하고 있었다. 서배너는 예정일을 지나 그다음 날 출산할 예정이었다. 출산 과정을 함께하느라 르브론은 연습에 잠시 참석하지 못했다. 저녁 연습이 끝난 뒤 나는 르브론과 인터뷰를 잡았다.

「저는 아버지가 없었어요.」르브론은 그날 밤 말했다. 「저는 제가 가지지 못했던 모든 것을 제 아들에게 물려줄 것입니다.」

몇 년 후, 르브론은 아들의 이름을 자신의 이름으로 지은 것을 후회한다고 말한 적이 있다. 첫아들에게 너무 많은 부담을 주었다고 생각한 것이다. 그의 견해가 지난 몇 년간 어떻게 성숙되고 바뀌었는지 잘 보여 준다. 어찌 되었든, 첫째 아들이 태어난 2004년 10월 그날 밤은 그에게 의미 있는 시간이었다. 많은 변화가 있던 그 시기에 사업을 운영하는 방식에 대한 그의 생각도 바뀌었다.

굿윈과 그의 형제이자 파트너인 에릭은 르브론이 약 1억 5천만 달러의 광고 계약을 성사시키는 데 도움을 주었다. 나이키,

코카콜라, 어퍼 덱 외에도 첫 슈퍼볼 광고로 캐드베리 슈웹스사의 〈버블리셔스〉 껌 모델 계약을 5백만 달러에 성사시켰다. 이러한 모든 것은 NBA 현역 선수 중 가장 훌륭한 포트폴리오였고, 십 대 선수가 이룩한 성취물 중 단연 최고였다. 유명 스포츠 잡지 『스포츠 일러스트레이티드』에서 굿윈의 프로필 사진으로, 소파에 누워 있는 르브론 뒤에 굿윈이 서 있는 사진을 찍었다. 〈뒤에서 일하는 그 사람〉이라는 의미였다.

2004년 당시 NBA 드래프트 1순위로 선정된 드와이트 하워드 역시 굿윈을 에이전트로 선택했다.

굿윈은 까다로운 사람이었다. 젊은 프로 선수들과 일한 경험이 풍부한 베테랑 에이전트인 굿윈은 선수들이 사업에 친구나 동료를 끌어들이는 것을 별로 반기지 않았다. 따라서 르브론이 그의 친한 친구들과 부가적으로 계약을 맺는 것을 좋아하지 않았다. 그는 르브론의 친구들이 돈을 벌기도 했던 몇몇 영리 파티를 반대했다.

하지만 르브론의 친구들은 굿윈과 생각이 달랐다. 그들이 즐기기 위해 클럽에 가지만, 그 클럽도 그들의 방문으로 인해 분명 얻는 수익이 있을 거라고 생각했다. 당시 인터넷에서는 유명 운동선수들이나 연예인들이 언제 어디서 열리는 파티에 참석하는지 알려 주는 사이트까지 등장했다. 하나의 마켓이 형성된 것이다. 〈네 명의 기사〉는 거기서 한몫 챙길 가능성을 보았던 것이다. 르브론만 이런 식으로 수익을 챙기는 것은 아니었다. 거물급 선수를 원하는 곳은 넘쳐났다.

아마도 더 중요한 것은, 굿윈은 웨슬리가 그의 주요 고객들과 너무 많은 시간을 보내는 것을 경계했다는 것이다. 웨슬리는 에이전트인 리언 로즈와 오랜 관계를 맺어 왔고, 굿윈은 웨슬리가 르브론 및 그의 친한 친구들과 관계를 구축하는 데 다른 동기가 있다고 의심했다. 이런 것들은 NBA 선수나 선수의 에이전트 관계에서 특이한 것이 아니었다. 이곳은 자기 고객들이 다른 에이전트에 밀렵당하는 것을 경계하면서, 한편으로는 자신들도 새로운 먹잇감을 찾아 나서는 밀림의 세계였다.

한번은 굿윈과 르브론의 그룹이 토론토에서 있었던 한 행사를 놓고 약간의 마찰을 빚었다. 굿윈의 유명한 고객 중 한 명인 게리 페이턴이 그곳의 한 클럽에서 체포되었고, 굿윈은 그가 함정에 빠진 것으로 의심했다(향후 페이턴은 무죄로 풀려났다). 굿윈이 반대했는데도 르브론은 그의 조언을 무시하고 같은 클럽에 갔다.

이런 일들이 일어나는 동안, 웨슬리는 르브론, 카터, 밈스, 그리고 폴에게 그들이 다른 선수들에게 가져다줄 수 있는 가치에 대해 종종 이야기하곤 했다. 동시에 웨슬리와 제이지의 우정이 깊어 갈수록 르브론이 제이지에게 느끼는 동질감도 깊어졌다. 어린 시절 르브론의 영웅은 마이클 조던이었지만, 성인이 되면서 르브론은 제이지에게 매료되었다. 단순히 제이지의 음악 때문만이 아니라 제이지가 본인의 사업을 확장시키는 과정에 매력을 느꼈다.

제이지는 자신의 사업을 스스로 관리했다. 럭셔리 브랜드 시

계부터 맥주, 컴퓨터 등 다양한 광고 모델로 활동하면서 자신의
사업을 확장해 갔다. 자기 소유 음반사와 의류 브랜드를 가지고
있었고, 그 후 운동선수들을 대표하는 에이전시와 음악 스트리
밍 회사도 창립했다. 그는 음원 수익으로 수백만 달러를 벌기도
했지만, 인플루언서로서 타사 브랜드와 협업해 가며 수천만 달
러를 벌어들이기도 했다. 제이지가 뉴욕이나 로스앤젤레스에
서 열리는 경기에 참석할 때면, 그들은 이런 것들에 대해 논의
하곤 했다. 웨슬리는 그들과 종종 함께하며 르브론이 유사한 길
을 갈 수 있도록 조언해 주었다.

농구 선수로서 르브론의 경력은 좋은 출발을 보였다. 그는
2004년 〈올해의 신인 선수〉로 선정되었고, 두 번째 시즌에는 팬
들에 의해 올스타전 주전 선수로 뽑혔다. 텔레비전 광고에서 르
브론을 쉽게 볼 수 있었고, 그가 출전하는 경기는 대부분 중계
되었다. 처음 두 시즌 동안 플레이오프 진출 실패와 감독 해고
등 그의 팀은 여전히 자리를 잡지 못했지만, 르브론은 전반적으
로 잘 풀리고 있었다.

그리고 그의 두 번째 시즌이 끝나갈 때쯤, 매버릭 카터와 르
브론은 만약 그들이 그들만의 마케팅 회사를 차린다면 어떨지
이야기하기 시작했다. 제이지 역시 자신이 음반 업계에서 최고
가 되었을 때, 다른 아티스트들과 함께 일하기 시작했다. 그처
럼 해낼 수 있을지, 르브론은 호기심이 생기기 시작했다.

카터는 나이키에서 2년간 스포츠 마케팅 운영 방식에 대해

배웠다. 메릿은 르브론의 신발을 위한 브랜드 매니저 이상이 되어 있었고, 빠르게 카터와 르브론의 멘토가 되었다. 메릿은 비버턴에 카터를 위한 자리를 만들어 주었다. 그는 르브론과의 부가적 거래 덕분에 입사한 카터에게 단순한 업무를 맡길 수도 있었다. 하지만 카터는 배우는 것에 진지했고, 메릿도 그런 그를 인정해 주었다. 본사에서 가장 영향력 있는 사람 중 한 명으로서, 그는 카터가 그곳에서 성장할 수 있도록 도왔다. 카터는 대학을 졸업하지는 않았지만 〈나이키 대학〉에서 공부하며 대학 학위에 견줄 만한 것을 얻었다고 믿었다. 그는 자신의 능력을 입증해야 하는 자리에서 종종 그 학위를 언급하기도 했다.

애크런에 있는 카터 어머니의 집에서 하룻밤을 보낸 두 사람은 앉아서 새로운 회사에 대한 계획을 짰다. NBA 에이전트들의 수수료는 최대 4퍼센트로 제한되어 있었고, 종종 대스타들의 큰 계약을 위해 하향 협상되기도 했다. 그러나 마케팅 거래의 경우에는 종종 10퍼센트에서 15퍼센트의 높은 수수료를 받았다. 마케팅은 뛰어들기 훨씬 어려운 사업이었고, 그것을 잘해내기란 더욱 힘들었다. 하지만 르브론이 고객이고 다른 선수들을 끌어들인다면 무언가 만들어 낼 수 있는 좋은 기회가 될 거라고 생각했다. 이것은 르브론이 이미 배운 교훈 중 하나였다. 그의 영향력을 올바르게 다룬다면 그것이 또 다른 수익을 창출할 수 있다는 것을.

그 계획은 대담했다. 대학 학위도 없이 한정된 경험만 가진 스물다섯 살 청년이 르브론의 수백만 달러짜리 사업을 감당할 거라는 생각은 조롱거리가 되었다. 역대 가장 성공한 농구 선수 출신 사업가 중 한 명인 매직 존슨은 가족이나 친구와 함께 사업을 하는 사람에게는 투자하지 않기로 유명했다. 그만큼 이 사업은 전형적인 어린 선수들의 실패작이 될 것으로 보였다.

굿윈은 관계가 삐걱거린다는 것을 어느 정도 느꼈지만, 르브론이 전혀 다른 방향을 추구한다는 것에 더욱 놀랐다. 그것은 나와 그의 주변 많은 사람에게도 놀라움을 안겼다. 모두가 르브론이 사업 운영에 대한 원대한 계획을 가지고 있다는 것을 모르지 않았지만, 그것은 여태까지 거의 모든 것을 완벽하게 해낸 젊은이의 실수가 될 것처럼 보였다.

카터를 아는 사람들은 그를 좋아했고, 함께 일하던 사람들의 존경을 받기도 했다. 그러나 그가 르브론의 선수 생활 외 비즈니스 운영을 대표하고 『포춘』 선정 500대 기업과의 회의와 주요 행사에서 르브론을 대변한다는 계획은 좋게 말하면 회의적이게 들렸고 나쁘게 말하면 웃음거리일 뿐이었다. 아마 그들 모두가 조금 더 나이가 들었다면 더 쉽게 받아들여졌겠지만, 이것은 어린 선수에게 불필요한 리스크로 보였다. 당시 매끄럽지 못한 점들이 있기는 했지만, 굿윈은 르브론에게 전반적으로 훌륭한 결과를 가져다주었다.[15] 선수들의 에이전트 교체는 일상적인

---

15 다만 굿윈은 몇 년 동안 폴 피어스와 제이슨 키드 같은 유명 고객들을 잃었고 당시 최고 센터였던 드와이트 하워드도 잃었다. 나중에 슈퍼스타 케빈 듀랜트를 얻었으나 결국 그도 잃고 말았다. 그는 그들 모두에게 큰 성과를 가져다주었지만, 그의 까다로운 방식이 결국 고객들을 지치게 만든 것처럼 보였다 — 원주.

일이지만, 르브론의 이런 움직임은 당시 다소 놀라운 일이었다.

서로 언짢은 감정이 있긴 했으나, 굿윈과 르브론은 헤어진 뒤에도 몇 년 동안 대체로 좋은 관계를 유지했다. 사소한 문제들이 무엇이든 간에, 그것은 전적으로 개인적인 것이 아니었다. 그래도 굿윈이 옳았던 것이 한 가지 있었다. 만약 르브론이 카터에게 미래의 마케팅 거래를 이끌게 한다면, 그는 결국 농구 관련 거래를 처리하기 위해 자격증을 소지한 에이전트가 필요할 것이란 점이었다. 르브론은 1년 후 첫 계약 연장 자격을 얻었을 때 웨슬리의 오랜 파트너인 로즈를 고용했다. 웨슬리는 그동안 좋은 조언과 인맥을 제공했으나 그도 사업가였고, 결국 그가 바라던 거래를 성사시킨 것이다.

르브론과 카터가 자신들의 계획을 어떻게 설명할지 특별한 전략 없이 큰 계획을 언론에 공개하자 반응은 가혹했다. 압박을 받자, 그들은 계획을 설명할 수 있도록 몇 달만 시간을 달라고 요청했다. 나름 합리적으로 밝힌 입장이었지만, 비판을 막아 내기에는 역부족이었다. 그들이 임시로 지은 〈포 호스맨 매니지먼트Four Horsemen Management〉라는 기업명도 비평가들에게는 받아들여지지 않았다. 언론사들은 굶주린 사자가 사냥감이라도 찾은 듯 날카로운 비판으로 물어뜯기 시작했다. 르브론의 그리 길지 않은 농구 경력 중 농구 코트에서 받았던 그 어떤 비판보다 훨씬 더 가혹했다.

1년 전 케이블 채널 HBO에서 방영된 「안투라지」라는 드라마가 르브론에 대한 부정적 인식에 기름을 부었다. 이 드라마는 젊은 할리우드 스타와 세 친구의 이야기로, 이들이 자신들의 커리어를 쌓기 위해 할리우드 스타 친구를 이용하면서 일어나는 실수들을 그린 내용이었다. 드라마는 대성공을 거두었다. 그러자 르브론과 그의 친구들을 「안투라지」의 캐릭터들과 비교하는 기사들이 실리기 시작했다(결국 나중에는 르브론이 이 쇼에 직접 출연하기까지 했다). 때로 백인 기자나 해설자들은 네 명의 젊은 흑인 남성이 이런 섬세한 사업을 운영한다는 것에 대한 반감으로 인종적 편견을 담은 비판을 하기도 했다. 하지만 타당한 근거를 바탕으로 그 사업에 의문을 제기하는 비평도 많았다.

한 칼럼에는 네 명의 친구가 잊지 못할 한 줄이 실렸다. 〈몇 년 후 무릎 수술이 필요할 때, 르브론은 배관공에게 수술을 맡길 것이다.〉 그 외에도 비슷한 빈정거리는 논평을 심심치 않게 찾아볼 수 있었다.

그러나 몇몇 존경받는 목소리가 그들을 변호했다. 그들 중 하나는 서니 바카로였다. 아디다스를 떠나 리복과 함께 일하고 있던 바카로는 기꺼이 인터뷰 요청을 수락해 카터를 변호했다. 그를 상대한 경험이 있는 다른 경영진들도 마찬가지였다. 어떤 편견이 있었든 간에 실제로 카터와 시간을 보낸 사람들은 그에게 깊은 인상을 받았다. 사실 카터는 아침에 일하는 것을 좋아하지 않았고 늦게 자는 것으로 유명했다. 그래서 제시간에 온 적이 거의 없었다. 이런 것들은 미숙함을 드러내는 행동이었다. 그러나 막상 거래에 대해 논의할 때는 지속적으로 사려 깊고 신중한 모습을 보여 주었다. 그는 당장의 이익을 추구하는 사람처럼 보이지 않았다. 그는 자기 주머니에 돈을 넣을 기회가 있더라도 〈예스〉보다 〈노〉라는 말을 훨씬 자주 하는 사람이었다. 그것만 으로도 이것이 전형적인 나쁜 사례가 아니라는 것을 보여 줬지 만, 이런 세부적인 부분은 공개되지 않았다.

고등학생이었을 때 르브론은 사람들이 그의 결정 중 일부를 비판하더라도, 그는 자신의 장래를 위해서라면 그런 비판을 문 제없이 무시하는 능력을 가지고 있었다. 그가 굿윈을 떠난 이유 중 하나도 자신의 무기력함을 감지했기 때문이다. 그는 에이전 트가 누구든 광고 계약을 따낼 수 있고 제품을 제안할 수 있다 는 것을 알고 있었다. 하지만 그는 시야를 넓히고 싶었다. 비록 스무 살이었지만 자신의 제국을 확장하기 위해서는 어느 정도 스트레스가 필요하다고 생각했던 것이다.

「사업가로서 저는 성장해야 한다는 것을 알았습니다. 그렇다 면 제 주변 사람들이 저와 함께 자라게 해줘야 하지 않을까요? 우리 모두 실수를 인지했으니, 그다음엔 함께 전쟁터에 뛰어들 어야죠.」 르브론은 말했다.

전략을 세우며 몇 달을 보낸 뒤, 그들은 〈LRMR 마케팅〉이라 는 새로운 이름으로 데뷔했다. 르브론LeBron, 랜디Randy, 매 버릭Maverick, 리치Rich의 앞 글자를 따서 만들었다. 멋진 로 고와 함께 그들을 표현할 인상적인 문구들, 번듯한 웹 사이트도 제작했다. 그들은 여전히 르브론 외 다른 사업체를 가지고 있지 않았지만, 다른 사람들이 조금은 인정해 줄 만한 나름의 비전을 세웠다. 만약 그들이 굿윈과 헤어질 당시 이런 것들이 준비되었다면, 아마도 비판이 그리 거세지 않았을 것이다. 하지만 이것 또한 배우는 과정의 일부분이었다. 그들은 클리블랜드에 사무실을 차리고 본격적으로 사업을 시작했다.

그저 화려한 외관과 명패만 갖춘 것이 아니라 그들에게는 나름 구체적인 계획이 있었다. 그들의 용기만큼 복잡한 그 계획을 그들은 꼭 해내기로 결심했다.

5
실패를 딛고

체육관 입구는 물론 선수들이 앉는 벤치, 심지어 로커 룸 밖에도 〈에이전트 출입 금지〉라는 안내문이 붙어 있었다. 이곳은 아마추어만을 위한 안전한 공간이었다. 그럼에도 불구하고 당시 마케팅 에이전트였던 매버릭 카터는 문구 아래 벤치에 편히 앉아 애크런 대학교의 로즈 체육관에서 진행되는 경기들을 지켜보았다.

로즈 체육관은 특별하거나 화려함이라곤 찾아볼 수 없는 그저 평범하고 오래된 다목적 체육관이다. 그러나 르브론에게는 일종의 홈구장과 같은 곳이다. 그의 인기 때문에 결국에는 더 큰 경기장으로 쫓겨났지만, 그는 고등학교 시절 여기에서 많은 경기를 뛰었다. 르브론의 첫 번째 고등학교 코치였던 키스 담브롯은 추후 13년 동안 애크런 대학교의 감독직을 맡았고, 그는 르브론이 항상 그 건물을 마음대로 사용할 수 있도록 허락해 주었다.

2000년대 후반 몇 년에 걸쳐 7월마다 나이키는 〈르브론 제임스 스킬 아카데미〉라는 이벤트를 위해 로즈 체육관을 빌렸다. 2006년, 나이키는 인디애나폴리스에서 수년간 진행했던 엘리트 고등학교 선수들을 위한 여름 행사인 〈올아메리칸 캠프〉를 끝내고, 르브론의 이름을 내건 이 캠프를 개최했다. 여름마다 열리던 행사를 최고급 리크루팅 축제로 만든 셈이었다. 그리고 이것이 르브론과 카터가 선수들의 에이전트가 되고 이 선수들의 사업 거래에 뛰어들기 위한 계획의 큰 기둥이 되었다.

나이키는 나이키와 연결되어 있는 AAU[16] 팀의 최고 선수들과 전국의 다른 캠프에서 두각을 나타낸 선수들을 이 캠프에 초대했다. 그뿐만 아니라 여기에는 너무나 매력적인 것이 더 있었다. 미국 내 최고 대학 선수들이 고등학교 선수들의 〈카운슬러〉로서 초대되었던 것이다. 그 결과 오하이오주에 있는 이 대학 체육관에 고등학교와 대학교 레벨의 유망주 수십 명이 한자리에 모였다.

흥미진진하고 경쟁적인 분위기의 무대가 마련되었다. 스킬 훈련과 약간의 스크리미지[17] 후, 대학 스타들은 카운슬러의 가면을 벗고 서로를 상대로 게임을 하곤 했다. 일부 최고 고등학교 선수들도 게임에 동참했고, 가끔 운이 좋으면 르브론이 입장해 캠프의 최고 선수들과 경기를 펼쳤다. 그들만이 만들 수 있는 게임이었다. 참가한 모두에게 소중한 추억을 남겼다.

16 The Amateur Athletic Union. 학교 간 경기가 아닌 선수들끼리 독립적인 팀을 만들어 다른 AAU 소속 팀과 경기를 치르는 민간 협회.
17 실제로 경기하는 것처럼 하면서 기술이나 전술 따위를 익히는 경기.

2009년에는 자비어 대학교의 조던 크로퍼드라는 선수가 르브론을 상대로 엄청난 덩크를 했다. 그다음 해 NBA 드래프트 1라운드에서 뽑힌 크로퍼드에게는 멋진 순간이었다. 린 메릿이 그 장면을 촬영한 카메라 팀에게 당시 비디오테이프를 요청했다는 이야기로 인해 더욱 유명해졌다. 마치 나이키가 르브론을 보호하고자 그런 것처럼 보였기 때문이다. 하지만 결국 또 다른 테이프가 공개되어, 크로퍼드가 훌륭하고 잊지 못할 플레이를 보여 줬음이 확실해졌다.

어떤 해에는 고등학교 선수 명단에 미래의 NBA 올스타 더마 더로전, 더마커스 커즌스, 그리고 〈올해의 신인〉으로 뽑혔던 타이릭 에번스가 있었다. 대학생 카운슬러 중에는 NBA 선수였던 타이 로슨, 웨슬리 매슈스, 쌍둥이인 브룩 로페즈와 로빈 로페즈가 포함되어 있었다. 또 다른 해에는 미래의 NBA 올스타 클레이 톰슨과 켐바 워커, 그리고 챈들러 파슨스가 카운슬러로 참여했고, NBA 드래프트 1순위로 뽑혔던 앤서니 데이비스[18]도 캠프에 참석한 선수 중 한 명이었다. 수년간 수십 명의 주요 대학 선수와 NBA 출신 선수들이 캠프에 참여했다.

르브론과 어린 선수들이 함께 많은 시간을 보내며 거기에 고급 연회까지 포함된 최고의 이벤트였다. 때로는 르브론의 집에서 더 많은 비공식 만남이 이어졌다. 이벤트가 막바지에 접어들 때쯤이면 그는 몇몇 유망한 선수들과 유대 관계를 형성하기도

18 LA 레이커스 팀에서 2019년부터 르브론과 함께 뛰고 있다. 2019-2020 시즌에는 같이 우승하기도 했다.

했다. 그들이 NBA 드래프트에 들어갈 때쯤이면 이미 르브론과 캠프에서 두세 번 만난 사이가 되어 있었다. 그것은 최고의 선수를 모집하고 그들이 프로 선수가 되었을 때 나이키 신발을 신게 만들 나이키의 큰 계획 중 일부였다.

그러나 그것은 동시에 르브론, 카터, 메릿, 그리고 웨슬리가 계획하고 있는 큰 그림의 일부이기도 했다. 아주 영특한 방법이었다. 이들은 어린 선수들이 선망하는 르브론의 명성을 이용해 앞으로 미래를 이끌어 갈 선수들의 커리어에 발을 들여놓고 있었던 것이다. 르브론은 마케팅 회사를 운영하고 있었지만, 고등학생 및 대학 선수들에게 자연스럽게 접근하며 마케팅 회사와 에이전트 사이 그 어딘가 애매한 영역에 위치하고 있었다. NCAA의 규제들은 모호하고 때로는 우스꽝스러운 규칙과 제재들로 가득 차 있었지만, 이러한 상황을 설명할 이렇다 할 명확한 사례가 없었다. 그래서 르브론과 LRMR 마케팅은 그들을 거의 무시했고 NCAA 또한 대부분 못 본 척했다.

수많은 에이전트가 어린 선수들과 관계를 만들기 위해 그들의 규제를 피해 이리저리 춤을 춘다. 이 과정에서 에이전트들과 어린 선수들을 연결해 주는 다리 역할을 하는 사람들도 있다. 2018년에는 대학 코치와의 친분을 이용해 유망주들이 학교를 선택하는 데 영향력을 행사한 전직 아디다스 직원을 상대로 연방 소송이 제기되기도 했다. 이 사건에서는 루이빌 대학교가 조사 대상이었지만, 다른 학교들도 조사에 포함되어 있었다. 르브론이 헤쳐 가야 할 농구계의 현실이었다. 사실 따지고 보면

NCAA 입장에서는 LRMR, 나이키, 웨슬리가 함께 아마추어 운동선수들에게 접근하는 것이 그리 깨끗한 방법으로 보이지 않았다. 하지만 어차피 현실은 그렇게 깨끗한 세계가 아니었고, 그 사실 또한 모두가 알고 있었다.

완벽한 시나리오라면 다음과 같이 진행될 것이다. 나이키가 어떤 유능한 고등학생 선수를 찾아 그를 캠프에 오게 하고 르브론이 그 선수와 관계를 형성한다. 그가 프로 선수가 되었을 때 본인의 브랜드 마케팅을 위해 LRMR를 선택하고 그의 에이전트로 리언 로즈를 선택하며, 나이키는 그와 신발 계약을 맺는 것이다. 이것은 또 한편으로 웨슬리와도 관련 있었다. 이상적으로는 그 선수가 존 칼리파리나 웨슬리와 관계있는 대학 코치 아래로 들어가 뛰는 것이었다. 웨슬리와 칼리파리는 각별한 사이였다. 웨슬리와 오랜 친구였던 밀트 와그너는 아들 대주안 와그너가 멤피스 대학교에서 1년 동안 뛰었을 때 칼리파리의 코칭 스태프로 합류할 수 있었는데, 이는 수년에 걸친 웨슬리와의 친분 덕분에 서로에게 이득이 되는 협력이었다.

웨슬리는 필라델피아 출신 타이릭 에번스가 칼리파리가 감독으로 있는 멤피스 대학교에 진학하고, 추후 나이키와 계약하는 데 큰 역할을 했다. 웨슬리의 또 다른 〈조카〉였던 〈르브론 스킬 아카데미〉 출신 크리스 더글러스로버츠도 멤피스 대학교로 입학해 로즈와 에이전트 계약을 맺었다. 웨슬리는 분명 선수들이 칼리파리에게 가도록 안내하고 있었지만 무대 뒤에서 뛰어난 카리스마와 매력을 발휘했기에 다들 눈감아 주었다. 『뉴욕 타임스』는 빅텐 콘퍼런스[19]의 커미셔너[20]이자 전 NCAA 조사관이었던 짐 델라니가 웨슬리에게 그의 소중한 선수들을 빅텐 콘퍼런스에 보내면 정말 좋겠다는 말을 했다고 보도했다. NCAA 내부의 수준 높은 위선을 고려할 때 이 사건은 전형적인 일이었다. 결국 이 어두운 세계에서 확실한 것은, 웨슬리는 선수들이 길을 찾아갈 수 있도록 도와주고 최대한 혜택을 끌어냈다는 사실이다.

이런 작전이 순조롭게 진행되는 가운데 특별한 사건 하나가 주목받았다. 바로 데릭 로즈라는 시카고 출신 선수가 그 주인공이었다. 그는 근육질에 매우 재빠른 실력파 가드로 나이키, 웨슬리와 칼리파리 모두가 원하는 뛰어난 재능을 지니고 있었다. LRMR도 여기에 동참하길 원했을 것이다. 데릭의 형 레지 로즈는 그를 보호하기 위해 대부분의 에이전트와 심지어 대학 코치들까지 접근하지 못하게 했다. 그러나 이 바늘구멍을 통과한 사람이 웨슬리였다. 마이클 조던과의 관계를 이용해 시카고에서 신뢰를 얻은 덕분이었다. 아니나 다를까 데릭은 칼리파리가 감독으로 있는 멤피스 대학교에 입학했고, 그해 38승[21]을 이끌었지만 2008년 NCAA 결승전에서 가슴 아프게 패배했다. 하지만

19 미국 중서부 지역 10개 대학교를 지칭했으나, 2014년부터 14개 대학교가 회원으로 속해 있다.

20 프로 또는 대학 스포츠에서 품위와 질서 유지를 위해 모든 권한을 위임받은 최고 관리자.

21 미국 대학 농구 정규 시즌과 토너먼트는 보통 총 35~40경기를 치른다.

추후 NCAA는 데릭 로즈의 SAT 점수가 누군가에 의해 디트로이트 다른 학생의 것으로 대체된 것을 발견했다며 모두 무효 처리했다.

나이키는 레지 로즈가 시카고에서 대중을 위한 농구 프로그램을 운영할 수 있도록 도와주었다. 웨슬리가 또 마법을 부렸던 것이다. 로즈는 존 칼리파리 밑에서 훌륭한 선수로 자랐고, NBA 드래프트 1순위로 뽑힐 예정이었는데, 운 좋게도 시카고 불스가 1순위에 당첨되었다. 결국 수천만 달러 규모의 신발 계약 자리를 마련해 줬다. 왜 로즈를 얻기 위해 누군가가 부정행위까지 하면서 포지셔닝을 했는지 이해할 수 있었다. 그는 그 정도로 특별한 유망주였다.

하지만 예상하지 못했던 커브볼이 있었다. 데릭 로즈는 그의 에이전트로 리언 로즈를 뽑지 않고, 대신 안 텔렘을 선택했다. 그리고 나이키와도 계약하지 않았다. 그는 아디다스와 큰 거래를 해, 곧 그들의 농구 제품을 대표하는 선수가 되었다. 레지 로즈는 아디다스와 수십만 달러 규모의 컨설팅 계약을 체결했으며 아디다스는 로즈 가족의 AAU 팀에 자금을 지원하기로 합의했다. 당연히 LRMR는 로즈의 마케팅 에이전트가 되지 못했다.

LRMR의 출발은 순조롭지 못했고 여러 좌절을 겪었다. 카터가 르브론을 위해 몇 가지 계약을 성사시키긴 했다. 르브론이 뛰고 있던 캐브스의 제일 큰 스폰서였던, 클리블랜드에 본사를 둔 커브 카뎃이라는 잔디깎이 제조업체와 계약을 성사시켰다. 수백만 달러짜리 계약이었지만 굿윈이 성사시켰던 거래의 수준에는 못 미쳤다. 더 중요한 계약은 세계적 기업 중 하나인 마이크로소프트와의 계약이었다. 그들과의 첫 번째 일은 회사의 비스타라는 윈도 운영 체제를 위한 텔레비전 광고에 잠깐 출연하고 아이들을 겨냥한 웹 사이트를 개설하는 것이었다. 웹 사이트는 NBA 올스타 주간에 2007년 라스베이거스의 커뮤니티센터에서 열린 화려한 행사에서 발표되었다. 마이크로소프트가 NBA 선수와 이런 식의 거래를 한 것은 처음이었다. 카터와 르브론이 회사를 설립할 때 구상했던 일종의 혁신적인 계약처럼 보였다.

하지만 그것은 좋은 파트너십이 아니었고, 결국 흐지부지되었다. 이 거래를 성사시켰던 마이크로소프트의 임원은 회사를 떠났고, 마이크로소프트는 2년도 안 되어 이 거래를 해지했다. LRMR는 그동안 두 명의 다른 클라이언트와 계약을 맺었지만 둘 다 NBA 선수가 아니었다. 한 명은 NFL의 와이드 리시버인 테드 긴 주니어였고, 다른 한 명은 마이크 플린트였다. 쉰아홉 살의 마이크는 서부 텍사스에 있는 작은 학교에서 대학 미식축구의 한 시즌을 뛰었을 때 화제가 되었다. 긴은 이렇다 할 마케팅 계약을 맺지 못했다. 슈퍼스타가 아닌 NFL 선수들에게 마케팅 계약은 원래 쉽지 않다. LRMR는 플린트를 위해 영화를 포함한 큰 계획을 세웠지만 영화는 결국 제작되지 못했고, 카터는 책 거래 하나를 성사시켰을 뿐이다.

나이키를 포함해, 진행 중이던 거래들도 하나둘 문제가 생기기 시작했다. 르브론 브랜드 신발이 잘 팔리지 않았고, 나이키가 기대했던 것보다 성장도 느렸다. 그러던 2007년, 플레이오프 경기에서 르브론의 활약은 대단했다. 동부 콘퍼런스 결승전[22]에서 그가 마지막 30점 중 29점을 득점하며 캐브스를 결승까지 이끌자 나이키는 잠시 르브론 브랜드 직원 수를 늘리기도 했다. 하지만 그것도 일시적일 뿐, 르브론 브랜드를 위한 소수의 직원만 남게 되었다.

2008년부터 나이키의 전설적인 신발 디자이너 팅커 햇필드는 르브론의 주변 사람들을 대하는 것이 지겹다는 이유로 르브론과의 작업을 중단하고 코비 브라이언트와 마이클 조던 브랜드 신발 디자인을 하기 위해 떠났다.

「저는 르브론의 측근들과 일하는 것을 좋아하지 않아요.」햇필드는 2010년 어느 신발 가게에서 열린 홍보 행사 때 이렇게 말했다. 「너무나 많은 사람, 너무나 많은 아이디어, 그리고 너무나 많은 의견이 있어요.」

몇 달 후 또 다른 이벤트에서 햇필드는 르브론의 디자인이 〈별로이고〉 〈(수익성도) 코비 신발만큼 좋지 못하다〉고 말했다.

「코비와 일할 때는 그와 다른 한 남자만 미팅에 참석하고 코비는 자신만의 아이디어가 있었어요. 그는 매우 진보적이며 자신이 더 나은 선수가 되기 위해 해야 할 일에 대해 잘 파악하고 있었어요.」햇필드는 말했다. 「르브론은 훌륭한 사람이고, 나는 그를 정말 좋아하지만, 그는 다른 여덟 명의 친구와 함께 와서

22 NBA 플레이오프는 동부와 서부 콘퍼런스로 나뉘며 각 콘퍼런스에서 우승한 팀끼리 최종 결승전을 치른다.

각자 의견을 내놓아요. 르브론 제품이 나름 잘되고 있지만 그런 번잡함이 저에게는 코비 제품이나 조던 브랜드 제품을 만드는 것만큼 흥미롭지 않게 했습니다.」

신발 디자인 사업에서는 창조적 이견이 일상이다. 르브론도 나이키에서 우여곡절을 겪었다. 한 해에는 오리건주에서 디자이너들과 연례 회의를 하는 동안 자신을 위해 만들어진 것에 불만을 표현했고, 방에 같이 있던 필 나이트는 르브론 대신 직원들을 나무랐다. 또 다른 해에는 르브론이 당시 시즌의 새로운 모델 성능이 실망스럽다며 착용을 중단하고 더 오래되고 더 편한 버전으로 바꾸기도 했다. 물론 그를 위해 만들어진 디자인과 크리스마스 신발 같은 특별한 색감에 르브론이 감격한 시간도 있었다.

2009년에 그들의 비즈니스를 활성화해 줄 두 가지 일이 일어났다. 할리우드 거물급 에이전시인 크리에이티브 아티스트 에이전시CAA는 운동선수들을 담당하는 사업에 진출하기에 앞서 주요 스포츠 전반에 걸쳐 고객 기반을 구축하기 위해 다수의 소규모 에이전시를 인수했다. 리언 로즈의 NBA 사업 부문이 그중 하나였으며, 그 사업 운영을 CAA 브랜드와 연결시켰다. 웨슬리는 결국 감독들을 담당하는 CAA의 에이전트가 되었다. 그의 첫 고객 중 한 명은 당연히 칼리파리였다.

또 다른 큰 이벤트는 칼리파리가 켄터키 대학교의 감독으로 고용되어 즉시 농구계에서 가장 영향력 있는 감독 중 한 명이 된 것이다. 국내에서 가장 큰 농구 프로그램 중 하나를 운영하는 칼리파리는 르브론과 그의 그룹에 큰 기회를 줄 수 있었고, 르브론은 지체 없이 그 상황을 이용하려고 했다.

첫 시즌에 앞서 르브론이 선수들 앞에서 연설하고 캠프에 참석했던 몇몇 선수를 다시 만날 수 있도록 칼리파리는 그를 켄터키 대학교에 초청했다. 르브론이 만난 선수들은 커즌스와 존 월이라는 노스캐롤라이나 출신의 매우 재능 있는 신입생이었다. 데릭 로즈가 시카고 불스와 함께 NBA로 떠나면서, 칼리파리의 포인트 가드 월이 에이전트들이 계약하고 싶어 하는 차세대 스타가 되었다. 높은 드래프트 순위로 선택될 예정이었던 커즌스 역시 크게 뒤처지지 않았지만, 다이내믹한 스피드를 가진 월이야말로 큰 신발 계약을 맺고 그의 에이전트에 몇백만 달러의 수수료를 건네줄 수 있는 유력한 선수였다. 로즈가 그들의 손가락 사이로 빠져나간 뒤, 나이키와 르브론은 이번에 드래프트 1순위로 예상되는 선수를 확실히 얻기 위해 추격에 박차를 가했다.

르브론은 언론을 통해 월을 칭찬하고 켄터키 대학교 옷을 입고 경기를 관람하기 시작했다. 그는 심지어 그해 1월 켄터키 팀이 밴더빌트 대학교를 이긴 경기를 보기 위해 렉싱턴으로 날아갔고, 타임아웃 동안 코트에서 응원의 환호성을 지르기도 했다. 경기가 끝난 뒤 로커 룸에서 칼리파리와 팀을 찾았다. 아무것도 모르는 평범한 사람에게는 이것이 이상하게 보였을 것이다. 르브론은 수년 동안 오하이오 주립 대학교의 농구 프로그램과 밀접한 관계였다. 그뿐만 아니라 오하이오 주립대는 2007년 선수들의 유니폼에 르브론의 개인 나이키 로고를 부착한 최초의 학교가 되었다. 오하이오 주립대는 2009-2010 대학 시즌까지 매 경기 팀 전체가 여전히 그의 시그니처 신발을 신고 뛰었다.

그럼에도 불구하고 르브론은 켄터키주에 와서 학교 색깔인 파란색과 흰색 옷을 입고 코트 중앙에서 춤을 추었다. 그는 웨 슬리를 통해 친해진 칼리파리를 지원하기 위해 그곳에 온 것이 었다. 하지만 그 모든 것을 가능하게 한 것은 월이었다. 르브론 은 월이 그의 마케팅 회사를 대표할 수 있는 젊은 운동선수가 되기를 바랐다. 만약 로즈와 월 둘 다 NBA 드래프트에서 1순위 로 지명되고 큰 신발 계약을 성사시킨다면, 칼리파리 입장에서 는 그가 계속해서 전국 고등학교 최고 유망주들을 켄터키 대학 교로 영입하는 데 도움이 될 것이었다. 칼리파리뿐만 아니라 나 이키와 웨슬리 역시 항상 유망주를 찾고 있었다.

월은 커즌스, 에릭 블레드소, 패트릭 패터슨, 대니얼 오턴과 같은 미래 NBA 선수들로 가득 찬 팀에서 한 경기에 평균 17득 점과 7어시스트를 기록하며 훌륭한 시즌을 보냈다. 켄터키 대 학교는 35승 3패를 기록하며 전국 대회 8강에서 패했다. 로즈 와 마찬가지로 월도 드래프트에서 전체 1순위가 되었다. 그리 고 로즈와 마찬가지로 르브론과 그의 친구들, 사업 파트너들도 월과의 계약을 완전히 놓쳤다. 월은 르브론과 LRMR 대신 에이 전트 댄 페건을 고용했고, 나이키 대신 리복과 5년간 2천5백만 달러의 계약을 체결했다.

몇 년 후, 카터는 자신의 가장 큰 실수 중 하나는 월과 같은 다 른 운동선수를 영입하기 위해 쫓아다닌 거라고 내게 말했다. 그가 주요 농구 스타를 영입할 수 없었기 때문이 아니라 — 카터는 잠시 NFL 쿼터백 조니 만지엘의 에이전트가 되어 그가 과도한 유흥으로 무너지기 전에 나이키와 수백만 달러 규모의 계약을 맺도록 도와줬다 — 시간 낭비였기 때문이다. 카터에게는 슈퍼스타들의 에이전트가 되기 위해 넘어야 할 여러 가지 불리한 요소가 있었다. 첫째, 그 당시 카터의 명성이 매우 제한적이었기 때문에 그가 르브론이 아닌 다른 선수를 위해 큰 계약을 할 수 있다는 것을 보여 줘야 했다. 둘째, 카터가 영입하려고 했던 선수들은 본인들이 카터의 우선순위가 될 거라고 확신하지 못했다. 좋은 비즈니스 기회가 찾아올 때 어떻게 르브론을 제치고 다른 선수에게 사업 기회를 1순위로 줄 수 있겠는가? 선수들은 르브론을 사랑하고 친분 관계를 즐겼지만 이런 중요한 결정을 내릴 때 카터는 불리한 입장이었다.

운동선수 마케팅 회사로서 LRMR는 실패였다. 하지만 월이 그들이 아닌 다른 에이전트와 신발 브랜드를 선택했을 때, 르브론과 카터, 리치 폴은 자신들만의 새 판을 짜기 시작했다.

6
카메라맨

로욜라 메리마운트 대학교의 다큐멘터리 영화 수업을 듣는 학생들에게 한 학기 동안 완성해야 할 프로젝트가 주어졌다. 그리고 이 프로젝트에 참여한 모든 출연자의 동의서에 서명도 받아야 했다. 2003년 봄, 세인트빈센트세인트메리 고등학교의 수업이 끝나고, 크리스토퍼 벨먼은 르브론 제임스와 그의 친구 및 팀원 몇 명에게 체육관 바로 옆에 있던 책상에 앉아 그 동의서에 서명하도록 했다. 벨먼은 그저 교수에게 제출할 동의서를 작성했을 뿐, 그 서명이 훗날 얼마만큼의 가치를 갖게 될지 혹은 그 서명이 그에게 어떤 힘을 줄지 전혀 알지 못했다.

벨먼은 애크런 출신으로 르브론보다 두 살이 많았다. 벨먼과 나는 마을 서쪽에 있는 중산층 동네에서 한 블록 떨어진 곳에서 자랐다. 우리는 같은 초등학교를 다녔지만, 그는 나보다 어렸다. 어느 해에는 그의 아버지가 깃발 미식축구 코치를 하기도 했다. 벨먼은 열렬한 스포츠 팬이었지만 영화 제작에 더 관심이 많아, 캘리포니아에 있는 영화 학교에 진학했다. 나는 어느 날 르브론의 경기를 보던 중 그가 경기장 사이드라인과 허들 속에서 검은 모자에 어두운 옷을 입고 비디오카메라를 들고 있는 모습에 어리둥절했다. 몇 년 동안 그를 본 적이 없었기 때문이다. 게다가 그는 세인트루이스세인트메리 고등학교가 아니라 라이벌인 월시 제수이트 고등학교 출신이었다.

벨먼은 적당한 때 바로 그 자리에 있었다. 수백만 달러짜리 다큐멘터리를 직접 기획했던 에이전트 조 마시는 말할 것도 없고 너무 많은 사람이 접근하자, 르브론과 그의 팀은 주요 매체들까지 모두 거절하기 시작했다. 르브론은 개인적으로 『ESPN 매거진』과의 인터뷰로 마음고생을 했기 때문에 일대일 인터뷰에 거의 응하지 않았다. 특히 졸업 학년 중반에 있었던 짧은 출전 정지로 인해 전국적으로 관심이 극대화되자, 르브론과 학교는 수많은 요청에 지쳐 거의 모든 것을 거절하기 시작했다. 그나마 르브론이 그 시즌 동안 가장 진지하게 응한 인터뷰는 CBS 방송국의 「얼리 쇼」에서 NFL 미식축구 명예의 전당에 뽑혔던 디이온 샌더스와 한 것이 전부였다.

하지만 벨먼은 순수한 의도를 가진 중립적인 인물이었다. 그는 팀의 감독인 드루 조이스에게 요청해, 놀랍게도 승낙을 받을 수 있었다. 상업적인 요청에는 대부분 거절했지만 한 대학생의 요청에는 승낙한 것이다. 덕분에 고등학교 농구 역사상 가장 유명한 팀 중 하나가 정상을 향해 나아가고 있을 때 팀의 버스, 호텔, 로커 룸에 있던 사람은 오직 벨먼뿐이었다. 그 시즌 마지막 몇 주에는 르브론의 짧은 출전 정지와 아슬아슬한 심판 판정으로 막을 내린 오하이오주 챔피언십 경기 등 논란거리가 꽤 많았다.

작업이 끝났을 때, 그 누구도 가지고 있지 않은 수많은 시간의 영상물을 보유하게 된 벨먼은 엄청난 수준의 수업 과제물을 만들 수 있었다. 수업이 끝난 지 한참 후에 벨먼은 자신이 정말 가치 있는 무언가를 가지고 있다는 것을 깨닫고 이 영상물로 무엇을 할 수 있을지 곰곰이 생각했다. 르브론은 나이키와 거대한 계약을 맺고 NBA로 가서 신인왕이 되면서 미국 스포츠에서 가장 흥미로운 선수 중 한 명으로 빠르게 성장했다. 모든 주요 언론이 그에 대한 주요 기사를 내보냈다. NBA를 대표하는 새로운 선수의 등장에 관심이 많았기 때문에 언론사들은 르브론의 캐브스 경기를 취재하기 위해 르브론이 원정 경기 도시에 도착하기도 전에 미리 취재진들을 보내 놓곤 했다. 이런 상황에서도 벨먼은 아무도 보지 않은 이 영상물들을 로스앤젤레스 공항 근처 그의 아파트에 보관해 놓고 있었다.

그는 등하교길에 모든 대사를 외울 정도로 영상을 반복해서 보고 들었다. 장편의 영상물이 어떤 모습일지 상상하며 스토리보드를 구상했다. 아직 학위를 가지고 있지 않았지만, 만약 그가 원한다면 HBO나 ESPN 또는 마시에게 팔 수 있었을 것이다. 당시 마시는 르브론을 상대로 몇백만 달러짜리 소송 중이었는데, 이 영상에는 마시의 소송을 매우 유리하게 해줄 장면이 많았다. 만약 벨먼이 이 사실을 알았다면 큰돈을 받을 수 있었을 것이다. 영상물을 파는 것 자체로도 벨먼에게 엄청난 이익을 가져다줄 수 있었다. 게다가 그는 영상물에 대한 동의서도 가지고 있었기 때문에 르브론이나 다른 어느 누구와도 연루될 필요 없이 이 영상물에 대한 모든 권리를 가지고 있었다.

하지만 벨먼이 원하는 것은 돈이 아니었다. 그는 감독으로서 이름을 알리고 커리어를 쌓을 수 있도록 도와줄 실제 영화를 제작하고 싶었다. 그는 제작자들과 수많은 미팅을 가지며 자신이 원하는 것을 성사시킬 방법을 모색했지만, 제작자들은 그들 스스로 감독이 되어 이익을 취할 방법만 찾을 뿐이었다. 결국 벨먼은 제작자를 찾지 못했다. 특히 르브론이 소유권을 양도했다는 것을 알았을 때, 많은 사람이 그 영상을 사고 싶어 했지만 아무도 그를 감독으로서 신뢰하지 않았다. 벨먼은 커피숍에서 일하며 지냈고, 르브론이 NBA 최고 스타가 되면서 그의 고등학교 시절에 대한 관심은 시들해져 갔다.

4년이 지난 2007년, 벨먼은 학교를 졸업하고 로스앤젤레스의 다른 어려운 예술가들과 함께 생활하며 고군분투하고 있었다. 그는 르브론의 개입이 필요하지 않았기에 값어치가 있었던 영화 제작 일에 이제는 그의 개입이 간절히 필요하다는 것을 깨달았다. 만약 르브론과 파트너가 되어 제작자를 만날 수 있다면 모든 상황을 바꿀 수 있을 거라고 생각했다. 문제는 벨먼이 르브론과 인연이 없다는 것이었다. 물론 그를 기억하긴 하겠지만, 르브론은 이미 다른 세상에서 살고 있었다. 솔직히 그는 르브론이 자신의 이름을 알고 있는지조차 확신하지 못했다. 르브론은 항상 그를 〈카메라맨〉이라고 불렀다.

벨먼은 르브론의 관심을 받을 수 있는 아이디어가 생각났다. 그는 11분짜리 짜릿한 영상물을 만들었다. 전 시즌 주[23] 챔피언십 게임에서 패배한 팀이 신화적인 전국 타이틀을 거머쥐며 완전한 팀을 이루는 내용이었다. 그것은 실제 이야기이기도 했다. 그것은 르브론을 중심으로 다룬 내용이 아니라 네 명의 학생이 전 시즌의 절망에서 회복하는 내용이었다. 벨먼은 로메오 트래비스를 포함해 르브론의 고등학교 친구 중 몇 명에게 동영상을 보여 주었다. 그는 트래비스를 비롯해 팀의 다른 몇 명과 연락하며 지냈지만, 르브론과는 몇 년 동안 대화를 나눈 적이 없었다. 여름 며칠 동안 애크런에 돌아와서 지내던 그는 트래비스에게 동영상이 담긴 DVD를 르브론에게 보여 줄 수 있을지 부탁했다.

일주일을 기다렸지만 아무런 연락이 없었다. 로스앤젤레스로 돌아갈 날이 거의 다 된 어느 날 밤 11시에 부모님 집에 있던 벨먼은 트래비스로부터 주유소에서 만나자는 전화를 받았다. 벨먼은 르브론이 어떻게 생각하고 있을지 궁금해하며 그 장소로 향했다. 그들이 만났을 때, 트래비스는 지금 근처에 있는 르브론의 집으로 함께 가서 그에게 영화를 보여 줄 수 있느냐고 물었다. 르브론이 우리가 가는 것을 알고 있냐고 묻자 트래비스는 〈아니〉라고 답했다. 벨먼은 겁이 났다. 자정에 예고도 없이 르브론의 집에 간다고? 결국 그들은 함께 갔다. 르브론은 그들을 환영했다. 그 동영상을 보면서 르브론은 흥분하기도 하고 감동받

23 오하이오주였다.

기도 했다. 그는 동영상을 여러 번 반복해서 보았다. 르브론은 마치 다시 고등학교 시절로 돌아간 느낌을 받았다. 겨우 스물세 살이었지만, 이미 향수를 느끼고 있었던 것이다.

ESPN은 매년 야구 메이저 리그 올스타전 주말에 〈ESPY 어워드〉라는 스포츠 시상식을 개최하는데, 그해에는 르브론이 공동 사회자로 예정되어 있어 벨먼을 만나고 며칠 뒤 로스앤젤레스로 가기로 되어 있었다. 그의 공동 사회자는 ESPN 자매 방송국인 ABC의 심야 토크 쇼 진행자 지미 키멜이었다. ABC는 또한 NBA와 계약을 맺어 NBA 파이널 경기를 포함해 NBA 경기를 방영하고 있었고, 르브론은 이전 시즌 파이널에 진출하는 등 서로에게 시너지 역할을 하는 요소가 많았다.

그가 쇼를 위해 키멜과 함께 준비하고 있을 때, 르브론은 무대 뒤 대기실에서 DVD를 보여 주었다. 키멜은 이 영화를 매우 재미있어하며, 르브론이 이미 생각하고 있던 것을 하도록 추천했다. 완전한 다큐멘터리로 만드는 것이었다. 그 후 얼마 지나지 않아 벨먼은 매버릭 카터로부터 전화를 받았다. 그들은 완전한 영화로 만들기를 원했다. 그리고 벨먼은 중요한 질문을 했다. 그는 〈내가 감독을 맡아도 되는가?〉 물었고, 대답은 〈예스〉였다. 그동안 영상을 팔지 않고 계속 가지고 있었던 것이 드디어 결실을 맺는 순간이었다. LRMR를 시작한 지 2년 정도 되던 르브론과 카터는 본인들이 부분적으로 통제하고 소유할 수 있는 프로젝트와 파트너십을 만드는 데 매우 집중하고 있었고, 그 찰나 벨먼 역시 원하던 것이 맞아떨어진 것이다.

「저는 그들이 전화했을 때를 절대 잊지 못해요. 저는 그들이 밥상에 앉고 싶어 할 뿐 아니라 성공을 위해 할 수 있는 모든 것을 할 의지가 있다는 느낌을 받았어요.」 벨먼이 말했다.

그들 중 아무도 아직 알지 못했지만, 이것은 결국 르브론의 사업 방식을 바꾸는 중요한 역할을 했다. 프로젝트를 시작할 때 카터와 르브론은 총괄 제작자가 되기 위해 제작사를 직접 설립했다. 심사숙고 끝에 스프링힐 프로덕션SpringHill Productions으로 회사 명을 정했는데, 스프링힐은 르브론이 어렸을 때 마침내 안정된 집을 얻을 수 있게 되어 어머니와 함께 이사한 공공 임대 주택의 이름이었다. 고등학교 시절 르브론과 그의 어머니는 이 건물에서 행복하게 지냈다. 당시에는 마케팅 회사인 LRMR 설립에 집중하느라 알지 못했지만, 스프링힐 프로덕션은 향후 이들에게 매우 중요한 회사가 된다.

영화로 만들어질 수 있도록 르브론과 그의 전 동료들이 기꺼이 추가 인터뷰에 참여하고 더 많은 내용을 제공하면서, 수년 동안 먼지만 쌓여 가던 영상은 빠르게 구체화되기 시작했다. 영화 「드림걸스」를 만드는 데 도움을 주고 음악 관련 영화를 만드는 데 특화된 제작자 하비 메이슨 주니어 역시 동영상에 감명받아 제작에 도움을 주기로 했다. 몇 년 후 그는 애니메이션 뮤지컬 「싱」의 제작자 중 한 명이 되었다.

제이지, 드레이크 등 르브론과 인연을 맺은 음악 아티스트들이 이번 프로젝트의 주요 부분이 될 사운드트랙에 함께하기로 합의했다. 그리고 책에 대한 아이디어도 있었다. 몇 년 전 1966년

텍사스 웨스턴 농구 팀과 그들의 코치 돈 해스킨스에 관한 영화가 개봉되었는데, 해스킨스는 영화와 연관된 자서전을 동시에 발표했다. 그리 독창적인 마케팅은 아니었지만, 농구 팬들에게는 꽤 효과가 있었다.

르브론은 영화와 텔레비전 시리즈로 만들어진 텍사스의 한 고등학교 미식축구 팀에 관한 책 『프라이데이 나이트 라이츠』를 읽고 좋아했다. LRMR는 벨먼의 다큐멘터리가 상영될 시점에 출시될 르브론과 그의 친구들의 고등학교 시절 이야기를 담은 책을 공동 집필하기 위해 『프라이데이 나이트 라이츠』의 작가 버즈 비신저를 고용했다.

LRMR로선 매우 중요한 시기에 이런 기회가 온 것이었다. 다른 운동선수들을 영입하기는 어려웠지만, 그들에게는 르브론이라는 든든하고 유일한 고객이 있었고 그들은 그의 시야를 넓히려 노력하고 있었다. 한편으로, 시장에서 르브론을 어떻게 생각하는지, 잘 알려져 있는지 깊이 알아보기 위해 리서치 회사를 고용했다. 결과는 열성적인 농구 팬들 사이에서 르브론에 대한 인식이 좋다는 것을 보여 주었다(NBA 경기를 보는 사람이라면 그를 거의 놓칠 수 없었다). 그가 출전하지 않는 게임에서도 경기 중간 휴식 시간에 그가 출연하는 광고는 충분히 가능성이 있었다. 하지만 평범한 NBA 팬들과 일반 소비자들 사이에서는 인기가 그리 많지 않았다.

「그의 신발을 구입하는 많은 사람이 르브론의 팬이었습니다. 그 한계를 돌파해 대중 팬들에게 다가가는 데는 어려움이 있었습니다.」NPD 그룹의 스포츠 의류 산업 분석가 맷 파월은 말했다.

몇 년 전 나이키와의 계약으로 르브론은 매년 중국으로 홍보 투어를 가기로 되어 있었다. 중국은 농구 산업이 점점 커가는 시장이었고, 나이키와 같은 신발 제조 업체에 중국의 물량은 중요했다. 2000년대 중반에 이르자 다가오는 2008년 베이징 올림픽에 대한 관심이 커져 갔다. 세계의 관심, 그리고 아마도 신발을 파는 이에게는 더 중요할 중국의 관심은 르브론과 같은 스타 운동선수들에게 집중될 것이었다. 첫 NBA 결승전에서 활약하는 등 2006-2007 시즌에 놀라운 성적을 거둔 후 카터와 르브론은 르브론의 인기를 끌어올릴 수 있는 도약 시점에 이르렀음을 감지했다. 그들은 새로운 마케팅 기회와 그에 따른 금전적 보상을 찾고 개발하기를 희망했다.

(새로운 기회를 찾기 위한) 첫 번째 대응책 중 하나는 뉴욕에 기반을 둔 홍보 담당자 키스 에스타브룩을 고용한 것이다. 그는 제이지와 스티브 스타우트의 추천으로 르브론과 일하게 되었다. 에스타브룩은 카터와 르브론이 르브론 브랜드를 확장하고 싶어 하던 문학과 패션계에 연줄이 있었다.

르브론이 보비 브라운과 그의 고전 히트곡 「My Prerogative」를 노래하고 춤추는 것으로 쇼를 시작한 ESPY의 진행은 단지 시작에 불과했다. 르브론은 또한 2007년에 「새터데이 나이트 라이브SNL」의 호스트로 출연했을 때, 출연자 빌 헤이더와 농구를 주제로 콩트를 했다. 그 당시에는 몰랐지만, 몇 년 후 그들은 함께 영화를 찍었다.

르브론은 또한 「60분」이라는 탐사 보도 프로그램에 출연하는 것에 동의했는데, 그는 프로그램 리포터 스티브 크로프트를 매료시켰다. 고등학교 체육관에서 인터뷰하던 도중 르브론은 하프 코트 너머에서 장난스럽게 슛을 던져 깨끗하게 골인시켰다. 냉철하기로 유명한 크로프트는 르브론이 〈나는 (NG 없이) 원 테이크야〉라고 농담했을 때, 완벽하게 피루엣을 도는 동작을 하며 놀라움을 금치 못했다. CBS는 방송되는 그 주 인터뷰 홍보 영상에 그 장면을 사용했다.

이 과정의 일환으로, LRMR는 르브론 서밋이라고 불리는 연례 행사를 준비하기 시작했다. 그때 그의 다양한 스폰서 계약에서 함께 일했던 임원들이 모였다. 그들은 이틀간 회의에 참석하며 기업 브레인스토밍을 했다. 그것은 흔치 않은 행사였다. 운동선수들이 일반적으로 주최하는 것과 달랐다. 카터의 아이디어였는데, 꽤나 혁신적이었다. 르브론은 나이키, 코카콜라, 어퍼 덱, 캐드베리 슈웹스, 커브 카뎃, 마이크로소프트의 경영진을 여름 한철 애크런의 이 행사에 참여하게 할 정도로 영향력을 발휘했다. 지난여름 미국 올림픽 농구 팀 감독으로 르브론을 알게 된 마이클 시셰프스키[24] 듀크 대학교 감독이 2007년 개막 만찬에서 연사로 나섰다. 에스타브룩은 모든 내용을 기록할 수 있

---

24 1980년부터 2022년까지 듀크 대학의 농구 팀을 맡은 전설적인 감독. 2005년부터 2016년까지 미국 농구 국가 대표 팀을 맡았다.

도록 『포춘』의 기자를 주선해 놓았다.

베이징 올림픽을 앞둔 18개월 동안 르브론은 『포춘』, 『멘스 헬스』, 『GQ』, 『보그』의 표지에 등장하며 명성을 높이려 했다. 기자들은 전용기를 타고 온 르브론이나 광고 촬영 현장에서 그를 인터뷰하기도 했다. 『어드버타이징 에이지』[25]의 한 기사에서 저자는 LRMR가 2008년 올림픽이 끝날 때쯤 르브론을 〈글로벌 아이콘〉으로 만드는 목표를 가지고 있다고 설명했다. LRMR가 여전히 그들의 깊이를 보여 주지 못하고 있다는 인식과 싸우고 있는 것을 감안하면, 그것은 다소 야심적으로 보였다. 하지만 그들은 게임 계획을 이미 세웠고, 그것을 실행하기 위해 전력을 다했다.

스포츠 부문 외 기자들이 원하는 이야기는 르브론이 친구들과 함께 사업을 하는 방법에 관한 것들이었다. 스타 선수로는 이례적인 서사였고, 잡지사들이 원하던 것이기에 관심이 더해 갔다. 르브론과 카터는 미디어를 다뤄 본 경험이 풍부했고, 르브론에게 접근하는 방법은 젊은 기업가들을 홍보하려는 방식과 비슷하게 설계되어 있었다. 여러 특집 기사가 실리고 슈트를 입은 르브론의 사진이 일상화되면서 르브론 또한 이런 일상에 익숙해졌다. 카터는 더 잘 알려졌다. 특히 그가 간절히 인정받고 싶어 했던 금융계 독자들에게 더 잘 알려졌다.

유일한 실수가 있었지만, 르브론이나 카터의 잘못은 아니었다. 2008년 봄, 『보그』의 표지 모델로 발탁되었다는 소식이 전해지자 많은 찬사를 받았다. 패션 바이블의 표지 최초로 아프리

25 1930년 설립된 유명한 광고, 마케팅을 다루는 미디어 기업.

카계 미국인인 르브론이 모델로 선정되었기 때문이다. 유명 사진작가 애니 리버비츠와 세계적 모델 지젤 번천, 그리고 르브론이 함께한다는 것만으로도 최고의 홍보였다. 리버비츠가 르브론을 표지 모델로 선택하도록 『보그』 편집자 애나 윈터에게 추천한 것이었다. 이후 그는 『베니티 페어』에서 르브론과 촬영하기 위해 애크런까지 올 정도로 르브론과 작업하기를 원했고 또한 작업을 즐겼다. 하지만 막상 잡지가 출시되자 혹평이 쏟아졌다.

표지를 장식한 사진에서 르브론은 검은색 탱크톱에 반바지 차림이었다. 그리고 마치 괴성을 지르는 듯 입을 벌리며 한 손으로 공을 드리블하고, 다른 한 손으로는 녹색 실크 드레스 차림에 우아한 머리카락이 바람에 날리는 번천의 가는 허리를 잡고 있었다. 많은 사람과 비평가들은 이 장면이 마치 킹콩이 금발의 페이 레이를 한 손으로 붙잡고 있는 고전적 사진을 흉내 낸 것 같다고 평했다. 혹자는 몰지각하다고 하고, 또 다른 이들은 인종 차별주의라며 비평을 쏟아냈다. 개인적으로 나는 패션에 민감한 르브론이 운동복을 입고 세계적으로 유명한 패션 잡지 표지에 자신의 위대한 순간을 왜 낭비하고 있는지 혼란스러웠다. 콘셉트의 취지는 위대한 운동선수와 글래머 모델의 대조를 보여 주기 위해 각자를 상징하는 운동복과 드레스를 입은 것이었다. 잡지 속에는 르브론과 번천이 우아하고 인상적인 포즈로 서로를 감싸고 있는 사진도 실렸다. 그 사진이 표지에 실렸다면 완전히 다른 반응을 얻었을지 모른다. 내 생각에는 그 사진이 리버비츠의 재능을 더 잘 보여 주는 것 같다. 어쨌든 르브론과 그의 그룹이 시선을 끌고자 한 것이었다면 『보그』의 표지는 그들이 원한 것을 확실히 가져다준 셈이었다.

한편, 오랜 기다림과 작업 끝에 벨먼은 다큐멘터리를 완성했다. 그들은 제목을 〈모어 댄 어 게임More than a Game〉으로 정했다. 다큐멘터리가 농구와 르브론에 초점을 맞추기는 했지만 다섯 십 대의 우정과 투쟁도 다루기 때문이었다. 르브론의 분량은 다른 출연자들과 큰 차이가 없었다. 그것이 르브론이 이 프로젝트에 투자한 이유이기도 했다. 분명히 그는 스타가 될 것이었다. 하지만 그가 선호하는 플레이 방식처럼, 그는 공을 나누고 싶어 했다. 직접 이 모든 것을 보고 경험한 벨먼도 그 의견에 동의했다. 만약 보다 더 상업적인 목적으로 대규모 제작 시스템을 도입하거나 르브론 중심으로 만들어졌다면 아마 우리는 이 영화를 볼 수 없었을 것이다. 하지만 다큐멘터리적 관점으로 제작된 이 영화는 꾸밈없는 선수들의 생동감 있는 모습과 그들의 솔직한 인터뷰 때문에 더욱 매력적으로 다가왔다.

이 프로젝트는 세계에서 가장 영향력 있는 영화제 중 하나인 토론토 국제 영화제에서 개막식 주말에 상영이 약속되며 큰 관심을 받았다. 2008년 9월 초, 르브론과 관계자들은 심사를 위해 토론토로 날아갔고 상영관은 관객들로 가득 찼다. 이 프로젝트가 여기에 이르기까지 5년이나 걸렸지만, 이 모든 것이 완벽한 성공을 가져다주었다.

관객들은 기립 박수를 보냈고, 그 박수 소리가 몇 분 동안 지속되었다고 언론은 보도했다. 박수갈채에 흠뻑 젖은 르브론의 눈에는 눈물이 고였다. 「8학년 때 전국 챔피언 결정전에서 패한 이후 농구든 뭐든 울어 본 적이 없는데, 이번이 처음이네요. 이 다큐는 (다른 영화가 따라 할 수 없는) 진짜예요.」 르브론은 말했다.

영화제 최고의 영예인 피플스 초이스상은 몇 달 뒤 아카데미 작품상을 받은 「슬럼도그 밀리어네어」에 돌아갔다. 2위는 「모어 댄 어 게임」이었다. 토론토에서 수년간 피플스 초이스상을 수상한 작품들은 「불의 전차」, 「프린세스 브라이드」, 「샤인」, 「아메리칸 뷰티」, 「킹스 스피치」, 「실버라이닝 플레이북」, 「노예 12년」 등이다.

2위를 차지한 것도 매우 중요한 일이었다. 그 자체로 그들에게는 승리라고 볼 수 있었다. 그들 모두의 이야기였기에 감격도 있었지만, 이제는 영화에 대한 진정한 관심이 생겨났다. 즉시 배급사들은 영화 판권 구입을 논의하기 위한 만남을 원했다. 극장에서 개봉될 것이 분명해졌다.

「카터의 눈이 반짝반짝 빛나고 있었어요. 그는 이것이 그들을 다음 단계로 이끌 것임을 알고 있었지요.」 벨먼은 회상했다.

그리고 그가 옳았다. 그들이 카터의 어머니 부엌에 앉아 마케팅 회사를 계획했을 때, 이것은 그들이 계획한 내용의 일부가 아니었을 수도 있다. 이것은 그들이 르브론을 세계적 아이콘으로 부상시키기 위한 계획에 포함되지 않았지만, 이제 큰 부분이 되었다. 그리고 르브론이 미디어 사업에 본격적으로 뛰어드는 계기가 되었다.

7
협상가

한동안 르브론 제임스는 NBA 선수 중 코트 끝에서 끝까지 공을 가지고 제일 빨리 달리는 선수였다. 긴 보폭과 빠른 반사 신경은 그를 그 누구보다 빠르게 코트를 달릴 수 있게 해주었다. 하지만 그가 공항에서 걷는 모습은 더욱 놀랍다.

르브론이 프로 선수 시절 초기에 민간 비행기를 타는 것은 드문 일이 아니었다. 특별한 비즈니스나 캐브스의 원정 경기를 위해 가끔은 개인 전용 비행기를 탔지만, 항상 그런 것은 아니었다. 공항 안에서 그는 후드 티에 달린 모자를 푹 뒤집어쓰고 머리를 숙인 채 경보를 하듯 빠르게 터미널을 지나갔다. 사람들이 알아차렸을 땐 이미 그가 지나간 뒤였다.

르브론과 제시 이츨러의 인연은 이런 유명세의 불편함에서 시작되었다.

이츨러와 그의 파트너는 개인 전용 비행기 시간을 몇 시간 단위로 판매하는 마르퀴스 제트Marquis Jet라는 회사를 설립했는데, 자기 비행기를 소유할 필요 없이 개인 전용 비행기를 이용할 수 있어 프로 운동선수들과 유명 인사들에게 매력적인 상품이었다. 다양한 사업으로 부자가 된 이츨러는 고객 및 잠재 고객과의 관계를 구축해 개인적이고 공격적인 마케팅을 최우선 과제로 삼았다.

그는 당시 젊은 스타 벤 애플렉과 맷 데이먼이 마르쿠스 제트의 비행기 중 하나를 탄다는 소식을 듣고 뉴욕에서 로스앤젤레스로 가는 비행기에 올랐다. 그는 시간에 맞춰 로스앤젤레스에 도착해 전용기에 탑승한 뒤 그들에게 직접 회사가 제공하는 서비스를 안내했다. 또 다른 방법으로 할리우드 인사들에게 어필하기 위해 당시 인기리에 방영 중인 드라마 「안투라지」 제작진에게 다가갔다. 「안투라지」가 할리우드에서 얼마나 영향력 있는지 알고 있었기 때문에, 그 쇼에 간접 광고를 하는 대가로 드라마 제작진들에게 무료 티켓을 나눠 주었다.

회사의 마케팅 캠페인 중 또 하나는 NBA 선수들을 타깃으로 하는 것이었다. 이츨러는 새로운 방식으로 그들을 끌어들였다. 예를 들어, 그 회사는 뉴저지 네츠의 뉴저지 데블스 경기장 원정 팀 로커 룸 내에서 광고할 수 있는 권리를 샀다. 이 광고는 매주 경기를 위해 로커 룸을 이용하는 수십 명의 억대 연봉 운동선수들에게만 어필하기 위한 것이었다.[26]

26 이츨러는 수년 동안 뉴욕 닉스의 NBA 팬이었다. 그는 예전에 잠시 가수 활동을 한 적이 있는데, 당시 그가 부른 「Go NY Go」는 1990년대에 닉스의 공식 응원가처럼 불렸다. 또 추후 스팽스라는 의류 회사를 창립한 사업가 아내와 함께 애틀랜타 호크스의 소액 구단주가 되었다 — 원주.

르브론이 민간 비행기 이용을 그만둔 것은 이츨러와 마르퀴스 제트 덕분이었다. 또한 그들은 첫 거래 이후 꽤 중요한 관계가 되었다. 이츨러, 르브론, 그리고 매버릭 카터는 나중에 혀에서 녹아 버리는 에너지 스트립 판매 회사를 세웠다. 그러나 이츨러와 그의 파트너 케니 디크터가 한 가장 중요한 일은 카터와 르브론을 폴 와처에게 소개한 일이었다.

와처는 대체로 백그라운드에서 활동하기 때문에 사람들이 잘 알지 못하지만, 르브론의 사업 포트폴리오에서 가장 영향력 있는 사람이라고 해도 과언이 아니다. 르브론은 와처를 거래처이자 가이드로 삼아 파트너십을 맺었고, 그를 통해 순자산에 수억 달러를 더해 준 회사들을 만들 수 있었다. 와처는 르브론과 카터에게 연예계 여러 분야 사람들을 소개했고 그들이 가진 최고의 자원, 즉 그들의 인기로부터 부를 창출하는 방법을 알려 주는 데 도움을 주었다. 2005년 이후 재계에서 르브론의 거의 모든 주요 발자취에 적어도 와처의 지문 정도는 찍혀 있을 것이다. 그중에는 처음부터 끝까지 와처에 의해 만들어진 것들도 있었다. 그것은 르브론의 경력에서 가장 보람 있는 관계 중 하나였다.

르브론은 리복의 더 큰 제안에도 불구하고 나이키를 선택한 것이 자기 인생 최고의 사업 결정이었다고 분명히 밝혔지만, 와처를 비즈니스 파트너로 선택한 것도 거의 동등한 수준이었을 것이다. 그것은 심사숙고 끝에 나온 영리하고 파격적인 선택이었다. 당시 20대였던 카터와 르브론은 신중한 검토와 고민 끝에 스포츠 사업 경험이 거의 없는 50대 중반의 와처를 선택했다. 그것은 매우 훌륭한 선택이었다.

와처는 전형적인 동부의 금수저 출신에 이력 또한 매우 화려하다. 그는 펜실베이니아 대학교 와튼 스쿨에서 MBA, 컬럼비아 대학교 대학원에서 법학 학위를 취득했다. 상고 법원 판사 밑에서 일한 경험도 있고, 뉴욕의 거대 법무 법인 폴, 와이스, 리프킨드, 와튼, 게리슨에서 세금 전문 변호사로도 일했다. 또한 베어스턴스와 뉴욕의 다른 회사에서 투자 은행가로서 시간을 보내기도 했다. 그의 화려한 경력은 계속되었다. 그는 쟁쟁한 회사들의 이사회와 훌륭한 자선 단체의 일원이기도 했다.

1981년에 누군가를 만나면서 와처의 경력이 독특한 방향으로 전환되기 시작했다. 항소 법원 동료였던 보비 슈라이버와 친구가 되었는데, 그는 사전트 슈라이버와 유니스 케네디 슈라이버[27]의 아들이었다. 향후 와처는 보비를 통해 당시 젊은 텔레비전 앵커였던 보비의 여동생 마리아와 오스트리아 억양을 가진 그녀의 남자 친구이자 할리우드의 꿈을 그리던 보디빌더 아널드 슈워제네거를 만났다.

슈워제네거와 와처는 영화뿐만 아니라 다른 면에서도 통하는 것이 많았다. 슈워제네거는 보디빌딩과 엔터테인먼트 산업 외 전반적인 사업, 특히 부동산에 관심이 많았다. 그는 미스터 유니버스 같은 보디빌딩 대회에서 우승해 번 돈 중 일부를 가지고 1970년대 말 샌타모니카의 아파트와 소매점 건물을 구매하

---

27 미국 제35대 대통령 존 F. 케네디의 여동생.

기 시작했다. 1982년에 「코난-바바리안」이라는 영화를 통해 배우로서 큰 성공을 거두었을 때, 그는 이미 이러한 투자를 통해 백만장자가 되어 있었다.

관계가 발전하면서 와처는 슈워제네거를 고객으로 맞이했다. 1997년 슈워제네거는 와처에게 20년 이상 일한 직장을 그만두고 그와 함께 풀타임으로 일하도록 설득했다. 그때 와처는 샌타모니카에 있는 슈워제네거 사무실 바로 옆에 메인 스트리트 어드바이저스라는 자문 회사를 설립했다. 와처가 슈워제네거와 한 첫 번째 주요 거래는 싱가포르 항공으로부터 747 제트기를 구입한 뒤 항공사에 다시 임대하는 것이었다. 이것은 슈워제네거와 와처의 작업을 특징 짓는 이례적이면서도 창의적인 투자였다. 슈워제네거가 2003년 캘리포니아 주지사에 출마했을 때 와처는 그와 그의 부인 마리아 슈라이버의 자산을 관리하는 신탁을 인수했다.

와처가 슈워제네거와 함께한 초기 투자 중 하나는 영화를 테마로 한 레스토랑 체인점 플래닛 할리우드였는데, 이 체인점은 향후 라스베이거스의 카지노가 되었다. 나중에 플래닛 할리우드는 파산 신청을 하긴 했지만, 새로운 개념을 일깨워 준 사업이었다. 슈워제네거와 다른 유명 인사들은 그들의 이름을 빌려주고, 홍보에 출연하고, 자신의 모습을 담은 기념품을 허락하는 대가로 사업의 지분을 받을 수 있었다.

곧 가치가 상승할 지역에서 아파트를 찾는 것은 어렵고 위험한 투자다. 지구 반대편에 있는 점보 제트기를 소유하는 것은 복잡하고 위험하다. 하지만 자신의 명성과 같이 이미 보유하고 있는 것을 대가로 기업의 지분을 얻는 것은 훨씬 더 매력적인 제안이었다. 이것이 바로 플래닛 할리우드가 슈워제네거에게 제공한 거래였다. 와처에게는 유익한 비즈니스 방식이 되었다.

와처가 르브론의 사업을 도와주기로 했을 때, 와처는 소수이지만 주목할 만한 고객 명단을 가지고 있었다. 그 명단에는 U2 밴드 그룹의 리드 싱어 보노, 전설적인 음악 프로듀서 지미 아이오빈, 그리고 「로잔느 아줌마」와 「코스비 가족」 같은 히트 쇼를 만들어 낸 제작자 톰 워너가 포함되어 있었다. 이 이름만큼 중요한 것은 그들이 와처와 함께한 시간이었다.

와처는 길고 돈독한 관계를 원했기 때문에 의도적으로 소수의 고객 명단만 가지고 있었다. 그것은 르브론이 선호하는 방식이기도 했다. 처음 나이키와 코카콜라를 선택할 때도 그와 비슷한 생각이었고, 지속적인 유대감을 원했던 르브론이 카터를 신뢰한 이유도 마찬가지였다. 와처는 그들과 매우 달랐지만, 그들은 와처의 경험과 대화를 바탕으로 그가 신중하고 사려 깊은 투자자라는 것을 알 수 있었다. 그는 그들이 궁극적으로 함께하고 싶어 한 사업 스타일을 가진 사람이었다.

와처가 르브론과 함께 초기 몇 년 동안 한 일 중 하나는 세계적으로 유명한 투자자 워런 버핏을 소개해 준 것이었다. 와처는 버핏의 회사 버크셔 해서웨이와 거래한 경험이 있었고, 르브론은 이른바 〈오마하의 현인〉을 만나는 것에 관심이 있었다. 또한 와처는 버핏이 스포츠 스타들 주위에 있는 것을 좋아한다는 것을 알고 있었다. 버핏은 야구 스타 알렉스 로드리게스[28]와 미식축구 스타 은다무콩 수와 친분을 쌓아 왔다. 르브론이 오마하로 여행 가서 버핏을 만나기로 했다. 두 사람은 버핏의 회사 연례회의에서 사용할 짧은 스케치 영상을 촬영했는데, 버핏이 농구 일대일 게임에서 르브론을 이기는 모습이 담겨 있었다. 그들은 치즈 버거[29]와 밀크 셰이크를 먹으며 투자 전략에 대해 대화를 나눴다. 르브론과 버핏 둘 다 이 만남을 매우 흡족해했다. 와처가 중간자 역할을 톡톡히 했다.

2009년 클리블랜드에서 열린 캐브스 게임에 참석했을 때 버핏이 내게 말했다. 「르브론은 코트 밖에서 자신의 사업을 매우 영리하게 다룹니다. 그는 올바른 우선순위를 가지고 있어요. 내가 르브론 나이였을 때 그만큼 사업에 대해 현명했다면 좋았을 겁니다.」

와처는 르브론의 명성과 영향력을 활용할 기회를 찾기 위해 자신의 비즈니스 파트너나 네트워크를 적극적으로 사용했다. 그 결과, 르브론은 많은 돈을 벌 수 있는 수많은 비즈니스 거래를 이뤄 냈다. 때로는 카터나 르브론의 아이디어에서 시작되기도 하고, 때로는 와처의 아이디어이기도 했다. 어쨌든 그 아이디어들이 실제로 현실화되기 시작했다. LRMR가 시도했던 것처럼 운동선수를 대리하고 커미션을 받기 위해 그들을 쫓아다니는 것보다 훨씬 더 성공적이고 수익성이 컸다. 큰 개념만 놓

---

28 메이저 리그에서 14년간 뛴 야구 선수.
29 워런 버핏은 맥도날드 버거를 매우 좋아하는 것으로 유명하다.

고 본다면, 르브론과 그의 친구들이 처음 사업을 시작할 때 사람들이 그들을 만나기 위해 몇백 달러를 지불하는 파티에서 수천 달러를 챙긴 방식과 사실 크게 다르지 않았다. 와처는 르브론의 위상에 걸맞게 부유층의 수준으로 높였을 뿐이다. 그리고 르브론과 카터는 파트너십을 찾는 것이 단순히 홍보를 위해 돈을 받는 것보다 훨씬 더 만족스럽다는 것을 빠르게 터득했다.

이 개념은 르브론이 에이전트 에런 굿윈을 떠나 스스로 나설 때 원한 것과 맞아떨어졌다. 그는 자신의 사업에서 일어나고 있는 일에 대해 더 많이 관여하기를 원했다. 그것은 와처가 사업을 하면서 배운 것과 일치했다. 그것은 유명 인사들의 인지도를 상업화하는 것과 기업의 가치에 투자하는 것이었다.

와처를 통해 르브론이 체결한 첫 번째 주요 사업은, 믿을지 모르겠지만 자전거 사업이다. NBA 비정규 시즌인 여름 동안, 르브론은 자전거를 타면서 체력을 유지하는 것을 좋아했다. 애크런에 있는 그의 집은 굽이치는 쿠야호가강이 흐르고 수백 킬로미터의 산책로가 있는 자연 보호 구역 근처에 있었다. 가끔 그는 랜디 밈스와 함께 나가서 몇 킬로미터를 달리곤 했다. 그런 방식으로 다리에 무리를 주지 않고 운동을 할 수 있었다.

카터와 르브론은 함께 사업 진출에 대한 이야기를 나누면서, 진정성을 느낄 수 있는 투자를 선택하는 것이 중요하다고 생각했다. 르브론은 자신이 신뢰하지 않는 것을 팔고 싶지 않았다. 그런 유형의 사업을 계속한다면 향후 문제를 일으킬 수 있다고 여겼다. 또한 자신이 믿지 않는 것에 투자하고 싶지도 않았다.

자전거 타기는 그가 좋아하는 것이었다. 르브론은 고향에 있는 어린이들을 돕기 위한 재단을 설립했다. 재단의 큰 이벤트 중 하나는 매년 열리는 자전거 마라톤 대회였는데, 어린이들이 르브론 및 다른 유명 인사들과 함께 자전거를 타면서 기부금을 모으는 것이었다. 행사의 일환으로, 이 재단은 자전거를 가지고 있지 않은 아이들에게 자전거를 기부하며 그들이 활동적으로 지낼 수 있도록 했다.

카터는 르브론이 대형 자전거 제조업체인 슈윈과 파트너가 되면 어떨까 생각했다. 한편 와처는 페가수스 캐피털 어드바이저스라는 사모 투자 회사를 알고 있었는데, 이 투자 회사는 캐넌데일이라는 자전거 회사를 소유하고 있었다. 캐넌데일은 한때 코네티컷의 럭셔리 브랜드 제조 업체였지만, 경영난으로 파산해 2003년에 페가수스가 인수했다. 2007년부터 회사는 다시 회복하기 시작했고 곧 매각을 앞둔 것처럼 보였다.

인맥을 이용해, 와처는 르브론이 캐넌데일에 투자할 수 있도록 주선했고, 카터도 일부 지분을 얻었다. 그러나 투자는 르브론이 회사에 대해 검토하고 제품에 호감을 느낀 후에 이루어졌다. 이 투자는 전국적 뉴스가 되었고 브랜드의 인지도도 올라갔다. 캐넌데일과 페가수스가 기대했던 르브론과 같은 유명인을 투자자로 영입하여 얻을 수 있는 긍정적 효과와 맞아떨어졌다. 카터는 몇 가지 마케팅 캠페인에 대해 회사에 자문했고, 그런 모습이 어색해 보이지 않았다. 르브론이 자전거 타는 것을 좋아한다고 알려져 있어 자전거 회사를 매입하는 것이 합리적으로 보였다. 그것은 예상치 못한 만남이었지만, 현명한 만남이었다. 747기를 사는 것만큼 화려하진 않지만, 재정적으로 더 탄탄한 투자였다.

1년 뒤 캐넌데일은 캐나다 대기업에 매각되었고, 페가수스는 투자금의 네 배를 회수한 것으로 알려졌다. 카터는 수십만 달러를, 르브론은 수백만 달러를 벌었다. 와처는 수익에 대한 성과금을 받았고 모두를 행복하게 만들었다. 무역 관련 잡지『바이아웃』은 페가수스와 캐넌데일의 거래를 〈올해 최고의 재기〉로 선정했다. 회사는 성공을 축하하기 위해 카터에게 트로피를 보내기도 했다.

캐넌데일의 투자로 얻은 결과는 도취적이었다. 에이전트 리언 로즈가 2006년에 맺은 캐브스와의 계약을 통해 르브론은 농구 시즌 동안 매월 수백만 달러를 버는 등 훨씬 더 큰 거래를 했지만, 이 사업이야말로 진정으로 자신들이 관심 있는 일에 직접 참여해서 이루어 낸 결실이었다. 그리고 그들에게 이러한 거래를 주선한 사람 또한 직접 찾아냈다. 이것이야말로 르브론과 카터가 원하던 방향이었다.

그들은 이후 투자를 더 다양하게 확장하려고 할 때나 카터가 르브론을 위해 투자할 거래를 찾을 때, 사업에 대한 진정성을 가장 중요한 원칙으로 생각하게 되었다. 만약 초반에 〈진정성〉테스트를 통과하지 못하면, 그 사업은 바로 불합격이었다. 카터는 수천만 달러짜리 여러 계약을 제안받았지만 〈진정성〉기준에 맞지 않아 르브론에게 언급조차 하지 않은 계약들이 있었다고 나에게 말한 적이 있다. 한번은 카터가 제안받은 통화 내용을 말하자 르브론은 들은 척도 하지 않고 카터가 최근에 마셔본 빈티지 와인이 있는지 물었다. 그리고 만약 제품이 〈진정성〉 있어 보이면, 소비자들에게 확실히 납득시킬 방안을 마련해냈다.

예를 들어, 2014년에 카터는 기아 자동차가 6만 달러 넘는 가격에 판매되는 고급 모델을 출시했다는 것을 알게 되었다. (비교적 저렴한 차를 팔던) 기아에 꽤 새로운 도전으로 보였다. 기아는 거의 10년 동안 NBA 주요 후원사였고, 르브론은 2009년, 2010년, 2012년, 그리고 2013년에 MVP를 수상할 때마다 받은 기아 차 넉 대 모두 자선 단체에 기부했었다. LA 클리퍼스의 스타 블레이크 그리핀이 이 한국 자동차 기업의 광고 모델로 활동했다. 기아는 미국 중산층 시장을 겨냥한 그들의 세단형 자동차 옵티마를 팔기 위해 영리하고 자기 비하적인 광고를 연달아 제작했다. 그리핀은 엉뚱하고 시크한 유머 감각을 지녔는데, 그런 면을 보여 주는 광고가 통했던 것이다. 또한 2011년, 그리핀은 슬램 덩크 대회에서 기아 옵티마를 뛰어넘어 덩크를 꽂으며 최고의 마케팅 효과를 보여 주었다.

기아의 신형 모델 K900는 소리나 모양이 BMW와 비슷했다. 적어도 기아의 의도는 그렇게 보였고, 카터는 르브론이 팔 수 있는 차라고 믿었다. 르브론은 자동차 기업의 광고를 한 적이 한 번도 없었다. 백만장자 운동선수가 명품 브랜드가 아닌 중저가 상품을 파는 것은 왠지 위선적으로 보였다. 타이거 우즈와 샤킬 오닐이 몇 년 동안 뷰익 자동차 광고 모델로 활동하긴 했지만 딱 들어맞는 느낌은 아니었다.

카터는 NBA를 통해 기아와 접촉했고 르브론이 시승할 자동차 하나를 얻었다. 르브론은 그 차가 마음에 들었기에 마케팅 거래를 하기 위해 기아에 다시 연락했다.

광고 콘셉트를 유지하기 위해 르브론은 계약이 발표되기도 전에 소셜 미디어 계정을 통해 기아 자동차를 운전하는 모습을 보여 주었다. 기아는 아무리 고급 승용차라 할지라도 르브론이 실제로 기아 차를 몬다는 것에 의혹을 품은 사람들에게 르브론이 SNS를 통해 직접 답변하는 모습을 그린 내용의 광고를 제작했다. 기아는 TNT[30]와 거래해 TNT가 방송하는 경기에 르브론이 직접 K900을 타고 경기장에 입장하는 모습을 방송에 내보냈다. 르브론은 보통 경기 출전 시 그의 페라리와 람보르기니를 운전하는 것을 좋아했다. 그리고 몇몇 사람은 대부분의 경기에 르브론이 특별히 개조한 벤츠 SUV를 몰고 온다는 것을 알고 있었기에, 르브론이 광고를 위해서가 아닌 자신이 정말 좋아서 K900를 운전하는 것이라고 모두가 믿지는 않았을 것이다. 하지만 그는 진심으로 기아 차를 좋아했고, 그의 〈진정성〉을 보여 주는 것이 그와 기아 간 거래에 가장 중요한 부분이었다.

이런 종류의 사고와 파트너십 구축 방식은 와처가 중요한 연결고리를 만드는 데 도움을 주었다. 2008년, 와처는 르브론을

---

30 NBA 정규 시즌과 플레이오프 경기를 방송해 주는 두 개의 케이블 채널 중 하나.

그의 소중한 고객 중 하나인 지미 아이오빈과 연결해 주었다. 음악계의 전설 아이오빈은 스타들을 만나 환심을 사고 높은 수준의 결과를 만들어 내는 기이한 능력을 가지고 있었다. 그는 존 레넌과 일하면서 산업에 뛰어들었다(그는 부활절까지 함께 스튜디오로 출근해서 존 레넌 가족을 화나게 한 적도 있다). 그는 수개월 간 철저한 편집 끝에 브루스 스프링스틴의 전설적인 「Born to Run」 앨범을 제작했으며, 스프링스틴이 패티 스미스에게 「Because the Night」라는 곡을 주도록 설득해 예상치 못한 대히트를 만들어 내기도 했다. 또한 록밴드 〈톰 페티 앤 더 하트브레이커스〉의 대표 앨범 「Damn the Torpedoes」를 제작해 수백만 달러를 벌어들였다. 그는 스티비 닉스와도 사귀었고, 미국의 현재 대형 음반 회사 중 하나인 인터스코프 레코드를 설립하는 등 다양한 일을 해냈다.

2006년, 음악 스트리밍 웹 사이트로 인해 음반 산업이 위기를 겪으며 아이오빈과 오랜 비즈니스 파트너이자 래퍼 닥터 드레로 더 잘 알려진 안드레 영은 더 이상 큰 수익을 얻기 힘든 음반 판매가 아닌 다른 방법을 찾아야만 했다. 처음에 닥터 드레는 신발 라인을 만들고 싶어 했지만 아이오빈은 단번에 거절하며 그들에게 익숙한 음악 스피커를 제의했다. 그들은 긴 설계 및 테스트 단계를 거쳐 2008년까지 스피커에 대한 연구를 계속했고, 닥터 드레와 아이오빈은 음질이 우수한 특대형 헤드폰을 개발했다. 헤드폰 이름을 〈비츠 바이 드레〉로 결정하고 제조하기 위해 호주의 회사와 거래했다. 이 모든 과정에서 그들을 도운 사람 중 하나가 아이오빈의 소중한 비즈니스 파트너 와처였다.

이 헤드폰은 팔기에 쉽지 않아 보였다. 유명 인사인 닥터 드레의 이름을 박아 놨지만, 헤드폰이 마치 음악 전문가나 사용할 것처럼 귀를 가릴 정도로 거대한 크기였다. 그 당시에는 그런 스타일이 유행하지 않았다. 게다가 사람들은 아이폰을 사면 함께 제공되는 이어폰에 익숙해져 있었고 심지어 아무리 고급 제품이라도 1백 달러 정도를 넘지 않는 게 당시 시장의 시세였는데, 이 헤드폰은 약 4백 달러로 가격이 꽤 비싼 편이었다. 하지만 아이오빈은 마케팅의 귀재였다. 그는 음반 제작 실력만큼 상품화시키는 재능 역시 뛰어났다. 비츠는 마케팅 예산이 많지 않았고, 텔레비전이나 주요 잡지에 그들의 제품을 광고할 수도 없었다.

그렇지만 와처에게는 아이디어가 있었다. 2백 달러짜리 나이키 운동화를 빛나게 만든 것처럼, 그에게는 거대하고 값비싼 헤드폰을 멋지게 만들어 낼 영향력 있는 인플루언서가 있었다. 하지만 르브론을 영입해 헤드폰을 착용하게 하는 것이 쉽지 않은 일임을 알고 있었다. 르브론이 단순히 돈만 생각한 초기 시절에는 가능했을 수도 있지만, 지금은 그런 단순한 방법이 통하지 않았다. 광고보다 다른 파트너십이 먼저 형성되어야 했다.

당시 르브론과 카터의 영화 제작 비즈니스인 스프링힐 프로덕션은「모어 댄 어 게임」개봉을 앞두고 있었다. 와처는 아이오빈과 르브론을 다큐멘터리를 통해 연결해 주었다. 아이오빈은

132

이 다큐 영화의 투자자가 되었고 총괄 제작자 직함을 받았다. 아이오빈이 참여함으로써 다큐멘터리에 대한 신뢰가 더해졌고, 그와 르브론의 관계 역시 심화됐다. 아이오빈은 또한 자기 집에서 영화 시사회를 주최해 이 상황을 이용했는데, 항상 영화를 보러 온 인플루언서들에게 보여 주기 위해 한두 개의 헤드폰을 비치해 놓았다. 그리고 영화 제작 멤버가 되었기에 토론토 영화제로 향하는 르브론과 카터에게 거래를 위해 접근하기가 훨씬 수월했다.

아이오빈은 당연히 카터와 르브론에게도 비츠 헤드폰을 보여 주었다. 〈진정성〉을 강조하던 카터와 르브론은 헤드폰을 좋아했고 직접 사용할 것처럼 보였다. 특히 닥터 드레의 솔로 앨범과 그의 힙합 그룹 NWA를 들으며 자란 르브론에게는 닥터 드레의 이름이 박힌 것도 꽤 마음에 들었다. 그들은 이 헤드폰을 판매할 수 있다고 보았다. NBA 선수들 귀에 이 헤드폰이 착용된 모습이 상상되었다.

카터와 아이오빈은 계획을 세웠다. 카터는 아이오빈에게 새롭게 부상하는 산업의 장을 소개했다. 바로 선수들이 경기장에 도착하고 떠나는 장소가 새로운 패션의 메카가 되어 가고 있다는 것이었다. 실제로 경기장 입구는 트렌드의 탄생지인 레드카펫이 되고 있었다. 카터는 열두 개의 헤드폰을 요청했다. 그의 계획은 르브론이 그해 여름 베이징 올림픽에 출전하기 위해 중국으로 떠날 때 미국 농구 대표팀 팀원들에게 선물로 나눠 주기 위한 것이었다. 훌륭한 아이디어였다. 선수들은 중국까지 열두 시간 동안 비행을 해야 했고, 베이징 주변의 교통 체증으로 버스에 앉아 있을 시간이 많았다. 르브론은 당시 세계 최고 스타 중 한 명이었고, 그가 누구도 가지고 있지 않은 이러한 최첨단 전자 장비를 사용하고 있는데, 그것을 거절할 선수가 있겠는가? 멋지고 똑똑한 콘셉트였다. 그리고 실제로 훌륭하게 먹혀들었다.

선수들이 경기장에 도착할 때, 연습 후 체육관에서 퇴장할 때, 그리고 전 세계 수백만 명이 지켜보는 가운데 인터뷰할 때 그들은 머리나 목에 새로운 비츠 헤드폰을 착용하고 있었다. 헤드폰은 독특한 로고와 함께 크기가 컸고, 새로운 생김새에 색상도 밝았다. 아무도 이런 헤드폰을 본 적이 없었다. 사람들은 농구 스타들이 착용한 독특한 헤드폰을 보자 자연스럽게 호기심이 생겼고 곧 사람들이 원하는 아이템이 되었다.

비츠는 국제 올림픽 위원회에 나이키나 코카콜라와 같이 스폰서가 되기 위해 수백만 달러를 지불한 것도 아니고, 비싼 텔레비전 광고를 하지도 않았을 뿐만 아니라 선수들의 지지를 얻기 위해 수백만 달러를 지불한 것도 아니었다. 그러나 모든 선수가 사실상 걸어다니는 기업 광고판이 되었고, 오히려 이것을 공짜로 준 르브론에게 고마워했다.

올림픽 경기를 앞두고 코카콜라는 야오밍과 르브론을 앞세우며 광고하는 데 많은 비용을 지출했다. NBA 올스타 주말 동안 클리블랜드에 있는 한 창고에서 광고 촬영을 진행했다. 르브론이 촬영을 위해 발판 위에 서야 하는, 그의 인생에서 유일한 시간이었다. 발판 없이는 키가 228센티미터인 야오밍과 같은 카메라 프레임에 들어갈 수 없었던 것이다. 이런 광고들 역시 멋졌지만, 비용을 거의 들이지 않은 비츠의 홍보가 더 영향력이 컸다. 아이오빈 입장에선 와처를 통해 카터 및 르브론과 연결되었고, 관계를 강화하기 위해 다큐멘터리에 약간 투자한 것으로 이와 같은 마케팅 그랜드 슬램을 이끌어 낸 것이다. 이번에도 콘셉트는 카터, 실행은 르브론, 파트너를 연결하고 모두를 행복하게 한 것은 와처였다.

비츠의 이사회 이사가 된 와처는 나중에 르브론이 비츠의 파트너가 되는 과정에 도움을 주었다. 르브론은 홍보하는 데 동의하면서 지분도 조금 얻었다. 헤드폰을 다른 인플루언서들에게 선물하는 것이 회사의 핵심 마케팅 전략이 되었다. 르브론은 그의 클리블랜드 캐벌리어스 팀 동료들과 그다음 시즌 올스타 팀 동료들에게 헤드폰을 특별 주문 제작해서 나눠 주었다. 몇 년 뒤, 2012년 런던 올림픽에서 비츠는 광고에 훨씬 더 투자했다. 그들은 건물을 임대해 〈선수 전용〉 클럽 하우스를 만들고, 심지어 그곳을 동료 선수들과 데이트할 수 있는 사적 장소라고 암시하면서 모든 나라 선수가 와서 시간을 보내도록 권장했다. 클럽 하우스를 방문한 선수들은 그들 나라 색깔의 비츠 헤드폰을 받았고, 모두가 걸어다니는 광고판이 되어 나갔다. 비츠 헤드폰을 원하는 선수들과 공생할 수 있는 또 하나의 기발한 전략이었다.

그 후 6년 동안 르브론은 비츠 마케팅을 계속해 왔으며 이 브랜드는 결국 텔레비전 광고까지 하게 되었다. 르브론은 마이애미 시내 한 호텔 체육관에서 촬영된 첫 번째 광고에 출연했다. 그는 특히 농구 선수들이 연습할 때 유용한 더 작은 이어폰 스타일의 새로운 버전을 마케팅했다.

「르브론은 우리에게 오디오가 어떻게 운동 실력에 영향을 미치는 지를 알려 주었습니다.」 비츠의 사장 루크 우드는 설명했다. 「그것은 운동선수들이 필요로 할 때 피난처를 제공하고, 영감을 주며, 경기를 준비하는 데 도움을 줍니다. 르브론은 단순히 제품 마케팅을 도왔을 뿐만 아니라 개발도 도왔습니다. 그리고 세계에서 가장 유명한 운동선수 중 한 명인 그가 이 헤드폰을 직접 사용했기에 화제가 될 수 있었습니다.」

2010년대 초부터는 비츠를 어디서나 볼 수 있었다. 르브론이 매우 다양하게 특수 제작한 비츠 헤드폰을 착용했기 때문에 그 것들은 나이키만큼이나 그의 일부가 되었다. 2014년 초 인기가 최고조에 달했을 때, 비츠는 현금 30억 달러라는 어마어마한 금액으로 애플에 팔기로 동의했는데, 이 금액은 업계와 월 스트리트 모두를 놀라게 했다. 그 당시 회사는 스피커도 판매하고 있었고 음악 구독 서비스도 제공하고 있었는데, 아이오빈과 닥터 드레가 이 헤드폰 사업에 뛰어든 것이 애초에 이런 유형의 서비스가 잘되지 않았기 때문이라는 점을 생각하면 참으로 아이러니해 보였다.

비츠는 성장하면서 수년간 투자와 대출을 받아 왔는데 『포브스』는 닥터 드레가 매각 당시 회사의 지분을 약 25퍼센트 소유하고 있었다고 보도했다. 그것은 그들 생애 최고의 사업이었고,

각각 수억 달러를 벌었다. 회사가 지상으로 오를 수 있도록 도와준 르브론도 큰 성과를 거두었다.

매각이 완료되었을 때, 르브론은 5천만 달러 이상의 현찰을 챙겼고, 비츠는 나이키 다음으로 그의 경력에서 두 번째로 큰 비즈니스 거래가 되었다. 그는 또한 브랜드 홍보를 계속하기 위해 매각 후에도 회사와 계약을 유지했으며, 이로 인해 애플과도 관계를 맺게 되었다.

이것은 그와 카터가 마케팅과 투자에 뛰어들었을 때 꿈꿔 온 결과였다. 물론 제품이 르브론과 연관되는 것만으로도 충분히 효과가 있었다. 다른 분야, 특히 음악 분야의 영향력 있는 다른 사람들도 회사의 성장을 이끌어 주었으며, 아이오빈이 자신의 유명한 친구들을 이용해 끊임없이 세일즈한 것도 중요한 역할을 했다. 와처는 본인들이 비츠 회사를 더 강력하게 통제할 수 있도록 몇 가지 복잡한 법적 조치를 취했고(회사의 이전 파트너 중 하나가 닥터 드레, 아이오빈, 그리고 와처를 사기로 고소했지만, 판사가 기각했다) 판매가 잘 이루어지도록 하는 데 큰 역할을 했다. 관련자 모두 후한 보수를 받은 셈이었다.

르브론의 핵심 그룹 모두가 중요한 역할을 했다. 와처는 이미 르브론의 비즈니스 운영에서 중요한 일원이었지만, 이번 일을 계기로 그는 평생 결속되었다. 모두 사적인 관계, 장기적인 계획, 그리고 자신들이 가지고 있는 가치를 활용한 결과였다.

매각한 지 몇 달 후 닥터 드레는 로스앤젤레스 외곽의 브렌트우드에 있는 톰 브래디[31]와 그의 부인이자 모델이던 지젤의 저택을 구입하기 위해 4천만 달러를 지불했다. 얼마 지나지 않아 르브론 역시 로스앤젤레스에 있는 저택을 2천1백만 달러에 구매했다.

이 또한 향후 더 큰 거래를 위한 것이었다.

31 미국 미식축구에서 역대 최고 선수로 꼽히는 선수.

8
억만장자를 위한 여름 캠프

아이다호주 선밸리의 올드달러 로드라는 길에 늘어선 오두막들은 고급스럽고 고풍스럽다. 오두막의 테라스에서는 소투스 국유림의 산과 보트로 가득 찬 호수, 그리고 로버트 트렌트 존스[32]가 디자인한 골프 코스 페어웨이들을 내려다볼 수 있다. 오두막 하나를 빌리는 데 하룻밤에 3천5백 달러 정도 한다.

꽃들이 만개한 7월 둘째 주 여름, 아이다호 중부의 프리드먼 메모리얼 공항에 수백 대의 전용기가 도착하기 시작했다. 야외 테라스에 꽃 장식이 늘어선 고급 식당 그릴앳놉힐에서는 완벽하게 요리된 안심 스테이크와 신선한 송어가 매일 저녁 주방에서 쏟아져 나왔다. 모든 참석자는 비밀 유지 계약서에 서명했기에 그 누구도 출입구가 로프로 막혀 있는 위스키 잭스 2층 가라오케에서 누가 얼마나 노래를 못 부르는지 말하지 않을 것이다. 파티가 끝나자, 짙은 선팅이 된 고급 SUV가 줄지어 75번 고속

---

32 미국 45개 주와 35개국에서 5백 개가 넘는 골프 코스를 디자인하거나 재설계한 영국계 미국인 골프 코스 설계자.

도로를 타고 나간다.

1983년부터 투자 회사 앨런앤드컴퍼니의 미디어 콘퍼런스는 이른바 〈억만장자를 위한 여름 캠프〉[33]로 발전했는데, 이는 미디어 거물들이 모여 서로 브레인스토밍을 하고 거래하거나 친해질 수 있는 기회를 마련해 주는 4일간의 초대 전용 행사였다. 전설에 따르면 AOL과 타임 워너의 합병이 선밸리에서 시작되었다고 하며, 아마존 창업자 제프 베이조스가 『워싱턴 포스트』를 그레이엄 가문으로부터 매입하기 위한 협상도 이곳에서 시작되었다고 한다. 그 외 수많은 거래가 아마도 여기서 성사되었을 것이다.

2009년 콘퍼런스에는 빌 게이츠, 워런 버핏, 마크 저커버그, 섬너 레드스톤 등 익숙한 얼굴들이 참석했다. 그러나 관중 사이에서 새로운 얼굴이 눈에 띄었다. 그 누구도 그의 참석을 예상하지 못했다. 그는 르브론 제임스였다. 르브론은 한 워크숍의 패널로 참석했는데, 미디어 경영자가 되는 것에 대해 배우기 위해서였다.

몇 년 전 매버릭 카터는 시즌 개막을 앞두고 뉴욕에서 클리블랜드로 가는 댄 길버트의 제트기를 같이 탔는데, 그 비행기에는 앨런앤드컴퍼니의 임원 중 한 명인 스티브 그린버그도 타고 있었다. 앨런앤드컴퍼니는 2005년 길버트의 캐브스 인수를 도왔으며 길버트는 그들의 소중한 고객이었다. 그들을 소개받았을

---

33 한국에서는 〈억만장자 사교 클럽〉으로 알려져 있다. 삼성전자 이재용 부회장도 2022년부터 2016년까지 거의 매년 행사에 참석하였다.

때 카터는 그린버그에게 어떻게 하면 그와 르브론이 콘퍼런스에 초청받을 수 있는지 물었다. 그린버그는 카터가 그 모임에 대해 들어 본 적 있다는 사실만으로도 놀랐다. 카터는 르브론의 세계에서 맴돌며 기회를 엿보는 친구 중 한 명이라는 인식을 떨쳐 버리고 에이전트로서 신뢰받기 위해 고군분투하고 있었다. 그런 그가 미디어 사업에 관심 있다 하더라도 진지하게 여기는 사람은 거의 없었다.

하지만 그는 한 걸음 한 걸음 나아갔으며, 이번에 그린버그를 만난 것처럼 기회가 있을 때 관계를 만들어 낼 수 있도록 이전부터 꾸준히 사업에 대해 공부하고 있었다. 매년 7월 선밸리 행사에 참여해 온 길버트는 르브론도 동참하기를 여러 번 권유했지만, 르브론은 올림픽 농구 팀 스케줄 때문에 참석할 수 없었다. 2006년부터 2008년까지는 매년 여름의 상당 부분을 국가 대표 팀에 할애했고, 올림픽이 끝난 2009년 여름에는 스케줄이 좀 비어 있었다.

2009년 여름 무렵, 크리스토퍼 벨먼이 감독한 다큐멘터리 「모어 댄 어 게임」을 제작하면서 여러 과정을 겪은 카터와 르브론은 미디어 사업에 대해 많이 배우게 되었고, 이쪽 사업에 더 깊이 빠졌다. 그들은 할리우드의 유력한 에이전시인 윌리엄 모리스 인데버와 협력해 영화 배급을 도와줄 배급사를 찾고 있었다. 르브론은 이번에도 그가 신뢰하는 파트너 나이키와 코카콜라에 먼저 도움을 요청했고, 그들은 영화가 극장에서 상영될 경우 광고 후원을 약속했다. 이 점은 극장들로부터 상영 동의를 얻는 데 도움이 되었다. 토론토에서 조금씩 소문나기 시작하면서 배급권을 위한 입찰 경쟁이 벌어졌고, 그들은 비츠의 새로운 파트너 지미 아이오빈과 다른 몇 명의 파트너를 통해 거래를 성사시켰다. 결국 일곱 개의 유통 회사가 판권 구매에 관심을 보였다.

「카터는 모든 입찰 미팅에 참석했지만, 아이오빈이 입찰 과정을 주도하도록 했어요.」 벨먼이 말했다. 「그리고 아이오빈이 참석하는 자리라면 항상 와처가 있었고요. 그것이 그들이 사업을 하는 방식이었어요.」

카터가 지켜보고 배우는 와중에 그들은 라이언스게이트와 수백만 달러의 패키지 거래를 성사시켰다. 카터가 예측한 대로, 그것은 그들을 완전히 새로운 차원으로 끌어 올렸다. 이제는 스튜디오 경영진들과 미팅을 가질 만큼 여력이 생긴 것이다. 그들은 아이오빈의 회사 인터스코프와 영화 사운드트랙 OST 작업도 함께 했다.

카터와 르브론은 나이키와 코카콜라 사업을 위해 매년 여름 중국 여행을 계획할 때, 해외에서도 개봉될 영화를 홍보하기 위해 이를 해외 투어 형식으로 변경했다. 르브론이 그의 파트너를 홍보할 뿐만 아니라 영화에 대한 인지도를 높이기 위해 마련한 이런 이벤트들은 국제적 노다지가 되었다.

첫 번째 목적지는 메릴랜드주의 실버 스프링이었는데, 영화가 다큐멘터리 영화제를 통해 미국에 첫 선을 보인 곳이었다. 그날은 기억에 남을 멋진 하루였다. 영화제에 참석하기 전 매버릭 카터, 리치 폴, 랜디 밈스와 함께 르브론은 당시 미국 대통령 버락 오바마로부터 백악관에 초청받았다. 몇 년 전까지만 해도 경험과 방향성이 없다고 조롱받았던 네 사람이 백악관의 집무실에서 대통령과 사진을 찍기 위해 포즈를 취했다. 르브론은 오바마가 오하이오주에서 대선 승리를 거둘 수 있도록 캠페인에 동참한 적이 있었다. 오하이오주에서 승리한 오바마는 결국 대통령이 되었고, 르브론을 백악관으로 초대한 것이었다.

다큐멘터리의 가을 개봉을 앞두고 아홉 개 도시에서 시사회가 열렸다. 미국의 뉴욕, 시카고와 로스앤젤레스, 중국의 베이징, 상하이와 선양, 그리고 유럽의 런던과 파리였다. 그의 고향 애크런에서도 시사회를 열었는데, 레드카펫은 물론 할리우드 시상식을 연상케 했다. 시사회마다 르브론은 영화를 홍보하는 배우처럼 질의 응답 시간과 인터뷰를 가졌다. 그 어떤 블록버스터급 영화 홍보 못지않았다. 토론토 영화제의 결과와 배급사들의 경쟁, 그리고 나이키의 지원에 힘입어 지금껏 그 어떤 다큐멘터리도 상상할 수 없던 홍보를 하고 있었다.

르브론과 카터에게는 이것이야말로 그들의 유명세, 그들만의 이야기, 수요자와 그들의 파트너 모두를 하나의 큰 프로젝트로 연결하는 본보기가 되었다. 하지만 결국 돈을 많이 벌어 주는 프로젝트는 아니었다. 토론토 이후 비평가들은 그리 호의적이지 않았고, 관객들 역시 평이 좋지 않았다. 그 많은 홍보에도 불구하고 사람들은 영화를 보기 위해 극장에 가지 않았던 것이다. 전 세계 박스 오피스 기준으로 「모어 댄 어 게임」은 약 95만 달러의 매출을 달성하는 데 그쳤다. 뜻깊은 영예인 〈인디펜던트 스피릿 어워즈〉 후보에 오르기는 했지만, 결국 수상하지 못했다. 버즈 비신저가 르브론의 관점으로 다큐멘터리에서 있었던 일들을 쓴 『슈팅 스타』라는 책은 잡지 『베니티 페어』에 실렸음에도 불구하고 그리 관심을 받지 못했다.[34]

토론토에서 느꼈던 감동을 극장에 옮겨 상업적 히트작으로 만들지 못한 점은 꽤 실망스러웠다. 하지만 르브론과 그의 파트너들은 배급권 입찰 경쟁을 통해 돈을 벌었고 진행 과정에서 많은 것을 배웠다.

앨런앤드컴퍼니의 콘퍼런스에 간 것도 비슷한 맥락이었다. 카터와 르브론은 미디어 산업의 거장들이 자신들과 일하고 싶어 한다는 것을 알고 있었다. 연예계 산업에 종사하는 기업인과 사람들이 르브론과 관계를 발전시키고 미팅을 갖기 위해 그에게 개인 비행기를 빌려주기도 했다.

지난 25년 동안 가장 성공적인 할리우드 제작자 중 한 명인 브라이언 그레이저는 르브론의 팬이었는데, 그와 미팅을 갖기 위해 카터에게 먼저 연락을 했다. 그는 미팅에 르브론의 열렬한 팬인 어린 아들을 데려왔다. 카터와 몇 차례 회의를 한 후, 르브론은 판타지 농구 캠프를 운영하는 콘셉트의 영화 아이디어를 냈다.

---

34 비신저는 이 프로젝트에서 거리를 두기를 원해, 책이 다량 출판될 때는 책 제목이 〈르브론의 꿈〉으로 변경되었고 표지에서는 비신저의 이름을 찾아볼 수 없었다 ─원주.

그레이저는 몇 명의 저명한 작가를 데려왔고, 이 프로젝트를 마치 톰 크루즈의 영화처럼 『버라이어티』[35]를 통해 발표했다. 「신데렐라 맨」, 「다빈치 코드」, 「프로스트 vs. 닉슨」과 같은 흥행작을 제작한 영화 산업에서 가장 영향력 있는 사람 중 한 명이 르브론을 영화 스타로 만들기 위해 먼저 찾아온 것이었다. 운동선수들이 그동안 영화를 만들기도 했기 때문에 독특한 개념은 아니었지만, 카터와 르브론은 단순히 영화배우로서가 아니라 영화 비즈니스에 동참해 전체 과정을 관리하고 이익을 얻기를 원했다. 「모어 댄 어 게임」은 첫 번째 단계에 불과했다. 이것이 그들을 더 크게 성공시켜 줄 거라고 판단했다. 그레이저의 영화 「판타지 농구 캠프」는 2010년 여름에 촬영될 예정이었다.

르브론은 선밸리에서 환영을 받았다. 그는 거기서 제일 잘나가는 스타처럼 대우받았다. 그는 그해 처음으로 NBA MVP를 수상했다. 그 전해에 나이키는 르브론이 네 명의 다른 캐릭터를 연기하는 모습을 담은 광고를 제작했는데, 그때 르브론은 연기 실력을 인정받아 영화배우로 활동 영역을 확장하는 것이 본격적으로 논의되기 시작했다.

NBA 우승은 매우 힘든 일이었다. 그때까지만 해도 르브론은 그 산을 넘지 못하고 있었다. 새로운 운동선수의 에이전트가 되는 것도 경쟁이 치열했다. 투자할 만한 값어치가 있는 성공적인 기업을 찾기란 건초 더미에서 바늘을 찾는 것과 같았다. 하지만 영화 프로덕션 회사를 운영할 때는 달랐다. 창작자들이 그들에

---

35 할리우드 소식을 전하는 영화 산업 잡지.

게 아이디어를 가져다주었다. 기다림의 시간이 필요하긴 했지만, 큰 더미에서 선택할 수 있는 장점이 있었다. 그 부분이 그들에게는 꽤 매력적으로 보였다.

르브론은 매우 훌륭한 홍보 파트너들을 그의 포트폴리오에 추가하기 시작했다. 스티브 스타우트와 그의 뉴욕 마케팅 에이전시인 트랜슬레이션과의 관계는 좋은 결실을 맺고 있었다. 스타우트와 일하면서 카터는 2008년에 스테이트 팜[36]과 큰 거래를 성사시켰다. 그 거래는 르브론, 밈스와 폴이 슈퍼볼 광고에 출연할 수 있게 도와주었다. 스테이트 팜은 젊은 세대와 소통하기를 원했고, 르브론을 자신들을 대변해 줄 사람으로 선택한 것이다. 카터가 성사시킨 거래는 꽤 중요한 자선 효과도 있었다. 바로 망가진 농구장들을 리모델링해 주는 일에 르브론의 이름으로 돈을 기부하는 것이었다.

르브론이 선밸리에 가기 시작했을 때, 카터와 스타우트는 맥도날드와 거액의 다년 계약을 성사시켰다. 카터는 맥도날드와 거의 4년 동안 협상을 해왔는데, 결국 스타우트가 최종 마무리하는 데 큰 도움을 주었고, 그 덕분에 르브론은 일 년에 3백만 달러 이상을 받을 수 있게 되었다. 그들의 파트너십 역시 슈퍼볼 광고로 시작되었다. 광고는 마이클 조던과 래리 버드의 그 유명한 광고를 재현한 것으로, 빅맥을 걸고 르브론과 드와이트 하워드가 농구 게임의 일종인 〈호스〉를 하는 내용이었다.

카터는 또한 르브론을 중심으로 마이크로소프트의 엑스박스

36 미국 대형 보험사.

게임을 만드는 거래를 함으로써 마이크로소프트와 거래를 재개했다. 그들은 EA 스포츠나 2K 스포츠 게임 회사로부터 게임 표지에 르브론을 사용하는 조건으로 더 큰 제안을 받았지만 거절했다. 이 거래에 대해 카터가 하버드 비즈니스 스쿨 학생들에게 설명한 적이 있는데, 마이크로소프트를 선택한 이유는 파트너십 같은 거래를 원했기 때문이라고 했다. 카터는 비디오 게임에서 르브론의 초상권 사용 대가로 수년 동안 매년 35만 달러를 받는 제안을 거절하고, 매년 25만 달러를 받지만 게임 수익의 20퍼센트를 추가로 받는 마이크로소프트의 거래를 선택한 것이었다. 그들에게는 사업의 지분과 통제권이 중요했다.

이 모든 것은 카터가 조만간 협상할 가장 중요한 거래로 이어졌다. 사실 자연스럽게 이어졌다기보다 〈이 거래를 위해 나는 평생을 노력해 왔다〉고 카터가 나에게 말한 적이 있다.

그것은 나이키와의 두 번째 계약 협상이었다. 르브론은 2003년에 나이키와 7년짜리 계약을 체결해 2010년이면 만기가 될 예정이었다. 2003년 이후 르브론의 마케팅 협상은 에런 굿윈에서 카터로 교체되었고, 카터는 이미 나이키에서 몇 년간 일한 적이 있어 옛 동료들을 상대로 협상해야 했다. 협상 테이블 맞은편에는 그의 멘토였던 린 메릿이 앉아 있었다.

처음 6년간 르브론의 신발 매출은 좋긴 했지만 대단한 수준은 아니었다. 업계 분석가에 따르면 그동안 그의 시그니처 신발 매출은 미국에서 연간 1억 달러에 미치지 못했지만, 다행히 전 세계를 통합하면 수백만 달러를 달성해 르브론은 추가 보너스를 받았을 것으로 추정되었다. 전반적으로 괜찮은 비즈니스였지만, 마이클 조던이 이룬 수준은 아니었다.[37]

「마이클 조던의 상황은 너무 독특해서 아마 그 누구도 재현할 수 없을 겁니다.」 나이키의 전 부사장인 리키 앵귈라가 말한 적이 있다. 「마치 달을 두 번째로 밟은 사람인 것이지요. 첫 번째와는 비교할 수가 없어요.」

나이키는 르브론에게 만족하고 있었고 그와의 재계약을 간절히 원했다. 다만 이번에는 이전과 같이 입찰 경쟁이 있는 것도 아니고 대대적인 계약금이 필요하지도 않았다. 나이키는 현재 지불하고 있는 연 1천1백만 달러에서 대폭 인상해 줄 의향이 없었다. 기존 계약을 연장할 수 있는 옵션이 있긴 했지만, 카터는 새로운 계약을 협상하고 싶어 했다. LRMR가 에이전트로서 계약 성사에 대한 수수료를 받을 수 있기 때문이었다. 르브론이 예전에 에런 굿윈을 해고했음에도 불구하고 그가 계약을 성사시킨 장본인이었기 때문에 굿윈은 여전히 수수료를 받고 있었다.

6년째 되던 해, 신발 디자인이 젊은 소비자들에게 큰 인기를 끄는 등, 르브론의 신발 매출이 연간 최고치를 올리며 계약 협상이 순조로웠다. 카터는 나이키와 18개월간 계약 협상을 진행

---

37 나이키의 조던 브랜드는 2000년대에 매년 10억 달러 이상의 매출을 달성했고, 2010년대에 연간 20억 달러 이상의 매출을 기록하는 것으로 업계 분석가들은 전했다. 조던은 매출의 일정 부분을 받는 형식으로 되어 있어, 연간 로열티로만 수천만 달러를 벌어들였다 — 원주.

한 뒤 2010년 여름에 르브론이 NBA 프리 에이전트[38]를 하기 전 8년간 총 1억 달러 이상을 받는 재계약을 체결했다.

2010년 당시 매년 거의 2백억 달러의 매출을 창출하는 다국적 기업으로 성장한 나이키가 지분을 주는 경우는 없었다. 하지만 카터는 나이키의 르브론 라인 신발들이 잘 팔릴수록 르브론도 그만큼 수익을 가져갈 수 있게 나이키와의 수익 분배 형식의 계약을 원했다. 그리고 결국 계약은 카터가 원하는 대로 체결되었다.

재계약은 적절한 시기에 이루어졌다. 두 번의 MVP 수상으로 르브론의 인기와 신발 판매가 호황을 누리는 전성기에 접어들었기 때문이다. 2013년에는 신발 매출이 연간 3억 달러를 돌파했고, 향후 몇 년 동안 더 많은 매출을 창출하며 르브론은 그로 인한 로열티로만 수천만 달러를 더 벌어들일 수 있었다.

2010년에 르브론은 나이키, 코카콜라, 스테이트 팜, 맥도날드, 어퍼 덱, 비츠, 그리고 마이크로소프트로부터 연간 4천만 달러를 받고 있었다. 『포브스』는 르브론을 타이거 우즈와 코비 브라이언트에 이어 세 번째로 많은 수입을 올리는 현역 선수로 분류했다. 카터는 기존 계약 연장 또는 재협상, 그리고 새로운 계약을 성사시키며 르브론을 위해 안정적인 상황을 조성해 나갔다. 한편 LRMR는 다른 운동선수를 위한 마케팅 사업에서 손을 뗐다. 그들이 바라던 대로 되지 않았기 때문이다. 리치 폴은

38 프로 팀에 소속된 선수가 일정 기간이 지난 후 리그의 모든 구단과 자유롭게 연봉 협상을 할 수 있도록 하는 제도.

LRMR를 떠나 CAA로 옮겨 리언 로즈 에이전트와 함께 일하기 시작했다. 카터와 와처는 르브론의 마케팅 일부를 아웃소싱하기 위한 계획을 세우기 시작했다.

다양한 파트너들과 장기적 계약을 성사시킨 뒤, 카터는 새로운 사업을 찾아 나서기 시작했다. 미디어 사업에 진출하려는 카터와 르브론의 열망은 어느 때보다 더 강렬했다. 그리고 그들은 곧 미디어 역사상 가장 놀라운 순간을 맞이하게 되었다.

9
저의 재능을 가져갑니다

2010년 2월 아침, 타이거 우즈는 플로리다주에 위치한 폰테 베드라 비치의 TPC 소그래스 클럽 하우스 강당으로 걸어 들어와 차 사고로 대중에게 알려진, 지난 3개월간 그의 집에서 일어난 불륜 관계들에 대해 사과했다. 우즈는 뒤에 파란색 암막 커튼이 쳐져 있는 강단 뒤에 서서 준비한 대본을 읽었다. 거기에는 그의 가족과 친구들, 그리고 선택된 몇몇 기자를 포함해 40명 남짓이 와 있었다. 15분 정도 말한 뒤, 타이거 우즈는 질문도 받지 않고 연단을 내려와 어머니를 껴안았는데, 그의 어머니는 이 모습이 포착되도록 미리 배치된 카메라들이 잘 보이는 자리에 앉아 있었다. 주요 네트워크와 모든 케이블 뉴스 채널에서 생중계되며 최고의 노출 효과를 얻었다.

르브론과 그의 친구들은 이 인터뷰에 주목했다. 르브론은 우즈와 친하지 않았지만, 안면은 있었다. 그러나 그 이유로 그들이 우즈의 스캔들에 관심을 가진 것은 아니었다. 그들이 주목한 것은 우즈가 민감한 문제를 발표하고 처리하는 방식이었다.

3백 명 이상의 언론인이 우즈의 발언을 취재해 당시 스포츠
계에서 가장 큰 화젯거리가 되었지만, 그 서커스를 직접 대응하
는 대신 우즈와 PGA는 기자들을 메리어트 호텔의 폐쇄된 공간
에서 그의 연설을 보게 만들었다. 이런 방식은 일부 언론을 격
분시켰고, 미국 골프 기자 협회는 기자 회견 취재를 거부하기도
했다. 하지만 이런 방식으로 우즈는 연설 전체를 통제할 수 있
었고, 그가 굳이 말하고 싶지 않은 주제에 대해 대답하도록 압
력받을 필요도 없었다.

　기자 회견을 PGA 본부에서 진행함으로써 협회 직원들이 전
반적으로 관리해 주었고, 연설 준비를 위해 필요한 일부 비용도
부담해 주었다. 우즈의 명성이 큰 타격을 입었기에 비록 자랑스
러운 순간은 아니었으나, 우즈와 그의 팀은 연설의 상황을 컨트
롤할 수 있었다. 일부 홍보 전문가들은 기자 없는 기자 회견이
라며 본 사건의 이야기를 전달해 줄 사람을 소외시켰다고 맹비
난하기도 했다. 하지만 르브론과 그의 동료들은 이런 중대한 발
표를 통제할 수 있다는 것에 놀라움을 금치 못했다.

　카터가 내년에 있을 르브론의 프리 에이전트 발표를 어떻게
할 것인지 생각하기 시작한 것은 그 무렵이었다. 르브론은 캐브
스와 일곱 번째 시즌이자 7년짜리 계약이 만료될 예정이었다.
지난 2년간 다른 팀들은 르브론을 영입하기 위해 물밑 작업을
시작했으며, 그에게 1천만 달러를 제안할 수 있도록 자기 팀들
의 재무와 선수들의 연봉을 관리하고 있었다.[39]

39 NBA에는 각 팀의 연봉 합계를 제한하는 〈샐러리 캡〉 제도가 있다.

르브론은 언론과 농구 스타 사이에 공생 관계(스타들은 자신의 활동과 자선 사업을 언론에 노출함으로써 사람들의 인식 변화를 이끌거나 특정 상품의 매출을 촉진할 수 있었다)가 있다는 것을 알고 있었지만, 가끔 자신을 이용해 이익을 얻는 언론들에 대한 반발도 있었다. 그래서 르브론은 이 모든 것을 스스로 통제하고 싶었다. 본능적으로 또 다른 좋은 사업 수단이 될 수 있다고 생각한 것이다.

물론 대중의 인식을 고려해야 했다. 만약 르브론이 단순히 그의 프리 에이전트 발표를 사업 수단으로 팔아 돈을 번다면 대중의 인식이 나빠질 수 있었다. 이것은 그들이 매번 민감하게 생각해 온 부분이었다. 초창기에 자신들을 네 명의 기사라고 부르며 비교적 수준 낮은 파티에 1인당 3백 달러까지 하는 수익을 챙길 때, 그들이 항상 수익의 일부를 자선 단체에 기부한다고 언급한 것도 이 때문이었다.

판돈이나 자선 단체 면에서 그들은 훨씬 더 정교해졌다. 어찌 되었든 자선 단체에 기부하는 것 자체는 좋은 일이었고, (농구 선수가) 농구 코트 밖에서 돈을 버는 것에 대한 부정적 견해를 조금 누그러뜨리는 역할도 했다. 프리 에이전트 발표가 본질적으로는 본인들의 통제력을 행사해 보는 전략적인 행위라 하더라도, 이런 것들을 고려해야 했다.

결국 최종 아이디어는 발표를 자선 단체의 기금을 모으기 위한 것으로 하여, 여러 가지 이익을 끌어내기로 했다.

하지만 이와 관련한 아이디어와 논의는 르브론의 정규 시즌 활동에 방해가 되지 않아야 하기에 비밀로 유지되어야 했다. 그는 전성기 시절을 확고히 맞이하고 있었고, 캐브스는 나이가 들었지만 여전히 인기 있던 샤킬 오닐을 그 시즌에 영입했다. 시즌 중반에는 이전 올스타였던 안톤 제이미슨을 트레이드를 통해 데려왔다. 그의 팀은 정규 시즌에서 62경기[40]를 이겼고 정규 시즌 1위를 기록하며 놀라운 기록을 앞세워 르브론은 두 번째 MVP를 수상했다.

그가 과거 애크런 대학교의 로즈 체육관에서 상을 받을 당시에는 팬들이 이를 관람할 수 있도록 그들을 초대하고 연단에 올라 큰 박수를 받으며 말했었다. 「저는 애크런을 사랑해요. 이곳은 항상 저의 집이자 저의 삶이 될 것입니다.」 이 말로 인해 일부 사람들은 그가 애크런이 있는 클리블랜드주의 캐브스를 절대 떠나지 않을 거라고 믿었다. 하지만 그것은 잘못된 짐작이었다.

어쨌든 르브론의 그룹은 조용히 그의 프리 에이전트 콘셉트를 고민하고 있었다. 처음에는 그가 고려하는 팀의 도시를 하나씩 방문하며 마케팅 기회를 엿보는 방식을 논의했다. 나중에 나이키가 르브론 라인 신발을 그가 이적을 고려하는 팀들의 색상으로 만들 계획이라는 것이 알려지자 나이키는 부인하는 공개 성명을 발표해야 했다.

결국 그런 것들은 작은 판돈이었을 뿐이다. 내가 본 르브론과 그의 친구들은 생각을 크게 한다. 어떤 면에서는 그래서 여기까

40 NBA 정규 시즌은 총 82개의 경기로 이루어져 있다.

지 왔을 것이다. 2005년에 스스로 이러한 일들에 뛰어든 것 역시 큰 포부를 가졌기 때문이다. 르브론의 첫 프리 에이전트 시기가 다가올 무렵 사람들의 기대치는 점점 높아졌고, 그들은 더 크게 생각했던 것이다.

내가 말하려고 하는 것은 2010년 7월 8일 ESPN에서 방영된 〈더 디시전〉[41]이다. 그것은 카터와 르브론이 해낸 사업 구상 중 제일 컸다. 그리고 어쩌면 그들의 커리어에서 제일 불행한 순간이었을 것이다.

당신이 여기까지 읽었다면 르브론과 카터가 자신들의 비즈니스를 개척하기 시작한 지 5년 동안의 회로애락이 모두 담겨 있다 해도 과언이 아닐 것이다. 몇몇 순간은 엄청난 기쁨을 주었고 많은 현찰이 오갔다. 여기저기서 제안이 들어왔고, 그들은 부유하게 해주는 것뿐만 아니라 흥분시켜 줄 수 있는 거래를 찾아내는 방법도 배웠다. 그들은 미디어 세계에 살짝 발가락을 담그는 수준에서 지금은 허리까지 푹 빠져 있었다. 황금 시간대에 특집 방송을 방영한다면, 그들은 시청자의 시선을 사로잡는 것은 물론이고 다른 수준으로 올라설 것이며, 다른 것이 없다 하더라도 스포츠계에서만큼은 한 획을 그을 것이었다. 그 누구도 이런 것을 본 적이 없었기 때문이다.

하지만 결론적으로 그 어떤 것도 달성하지 못했고, 오히려 몇 년 전 상황으로 되돌아가 버렸다.

41 미국에서는 르브론의 프리 에이전트 발표를 〈The Decision〉이라는 고유 명사로 부르고 있다.

안타깝게도 그 개념 자체는 시대를 앞서갔다고 볼 수 있다. 한 선수가 본인의 메시지를 대중에게 전달하는 데 스스로 그러한 상황을 통제한다는 개념은 시간이 흐르며 사람들에게 받아들여졌다. 자신이 어떤 대학을 갈지 발표하는 고등학생 선수이든, 프리 에이전트를 통해 팀을 선택하는 NBA 선수이든, 〈더 디시전〉은 그들이 발표하는 방식을 영원히 바꿔 놓았다. 요즘은 선수들이 자신의 계약을 통제된 미디어를 통해 발표하는 것이 꽤 일반적이다. 잘 대응하는 선수도 있고 그렇지 못한 선수도 있지만, 그 쇼가 비즈니스 환경과 수용 방식을 바꿔 놓았다는 것에는 의심의 여지가 없다. 하지만 그 누구도 그렇게 말하거나 그 쇼를 인정해 주는 발언을 하지 않았다. 아무도 그 쇼와 자신을 연관시키고 싶어 하지 않았기 때문이다.

만약 쇼가 다르게 진행되었다면, 카터와 르브론의 경력에서 자랑스러운 순간으로 바뀌었을지도 모른다. 하지만 그것은 수년간 그들의 발목을 잡았다. 심지어 10년이 지난 지금도 신발 속의 작은 모래알처럼 계속 거슬리는 존재로 남아 있다.

이 개념은 2010년 결승전에서부터 시작되었다. 정규 시즌 1위를 한 르브론의 캐브스는 정규 시즌 4위를 한 보스턴 셀틱스에 플레이오프 2라운드에서 패배했다. 르브론은 여러 경기에서 부진한 모습을 보여 줬다. 특히 중요한 5차전 경기에서 패하며 팀의 시즌은 결국 기대보다 빨리 끝나 버렸다. 그 후 그는 숨어 버렸고 팀 및 다른 사람들과의 의사소통을 대부분 차단했다.

그는 이상하게도 결승전을 시작하기 전에 CNN의 래리 킹과 한 시간 동안 진행되는 인터뷰로 다시 모습을 드러냈다. 젊은 농구 스타와 베테랑 토크 쇼 진행자 간의 케미가 부족하다는 것을 제외하고는 보여 준 것이 전혀 없었다.

　며칠 후 일요일 밤에 카터는 로스앤젤레스에서 열린 결승전 2차전에 참석했다. 캐브스를 상대로 승리를 거두고, 이를 발판 삼아 결승전까지 올라온 셀틱스와 레이커스가 경기를 하고 있었다. 하프 타임에 스포츠 리포터 짐 그레이는 카터에게 다가갔다. 짐 그레이는 무하마드 알리, 피트 로즈, 코비 브라이언트 등 스포츠 스타들과 인터뷰를 따내는 데 유명한 방송인이었다. 르브론의 NBA 첫 경기에서도 리포터로 활동했던 그레이는 르브론이 드래프트되기 하루 전에도 인터뷰를 했고, 이전에도 여러 번 르브론과 인터뷰를 했었다.

　르브론과 안면은 있었지만 친한 것은 아니었다. 그레이는 기자로서 항상 공격적이었다. 카터와 대화하기 위해 그 경기에 온 것은 아니었지만, 그는 기회를 포착했고 바로 시도했다. 그가 카터에게 원하는 것은 르브론이 팀을 결정한 후 첫 번째 인터뷰를 자신과 하는 것이었다. 카터는 관심을 보이긴 했지만 확답을 주지 않았다.

　그레이는 그렇게 순순히 넘어가는 기자가 아니었다. 애매모호한 답변으로 카터를 놓아주지 않고 한 가지 아이디어를 제시했다. 그가 제안한 것은 르브론과 LRMR가 ESPN의 방영 시간을 사서 쇼를 통해 르브론의 선택을 발표하는 것이었다. 그렇게 되면 광고를 그들이 직접 판매할 수 있고 방송 자체를 통제할 수 있었다. 물론 그레이가 진행자가 되어야 하는 조건으로. 다시 말하지만 그건 정말로 엄청난 포부였다.

「이 점은 말하고 싶어요. 제가 이전부터 생각하고 있던 아이디어가 아니었어요.」그레이가 나중에 말했다.「그냥 순간적으로 떠오른 것을 말했을 뿐이죠.」

그곳은 레이커스의 게임이 진행되고 있는 LA였고 미디어 업계 거물들이 경기장에 있었기 때문에 단순한 아이디어는 빠르게 현실화되었다. 카터와 그레이 옆 코트사이드에 아리 이매뉴얼이 앉아 있었다. 할리우드의 대표 에이전시인 윌리엄 모리스 인데버의 사장인 아리 이매뉴얼은 이 아이디어를 들었을 때, 신나서 카터에게 그렇게 해야 한다고 말했다.

경기장에는 미디어 업계 거물인 억만장자 데이비드 게펀도 있었는데, 카터가 아이디어를 들려주자 그 역시 지지했다. 한편 카터는 거의 말도 안 되는 수준의 계획을 논의하기 위해 게펀을 만난 적이 있었다. 당시 LA 클리퍼스 팀은 그해 여름 르브론을 영입할 만큼 샐러리 캡이 남아 있었는데, 르브론은 LA에서 뛰는 것과 당시 그 팀의 젊은 스타였던 블레이크 그리핀에게 관심을 보였다. 하지만 선수, 감독, 심지어 직원들까지 함께 일하기 싫어하는 것으로 알려진 팀의 구단주 도널드 스털링이 팀을 소유하고 있는 한 르브론이 그 팀을 위해 뛸 가능성은 없었다. 로스앤젤레스의 여러 사업가와 마찬가지로 게펀 또한 농구 팀을 소유하는 데 관심이 있었고 르브론의 프리 에이전트를 이용해 스털링으로부터 팀을 매매하는 계획을 세웠다.

기본적인 개념 자체는 스털링이 엄청난 금액으로 매각하겠지만, 매각 후 르브론이 계약함으로써 팀의 브랜드와 가치를 높이는 것이었다. 아예 불가능한 아이디어는 아니었고, 프리 에이전트가 소유주를 바꾸게 하는 것은 최고의 권력 행사였을 것이다. 당시 NBA 협회 위원장이었던 데이비드 스턴 역시 스털링 편이 아니었고 팀 매각을 예전부터 바랐기 때문에 NBA 협회도 아마 그 계획을 지지했을 것이다. 하지만 늘 그래 왔듯 스털링이 매각을 거절해, 결국 아이디어는 무산되고 말았다(스털링이 인종 차별적 발언을 한 녹취록이 공개되면서 NBA는 2014년에 결국 스털링이 팀을 매각하도록 강요했다.)

하지만 할리우드 거물들이 르브론과 사업을 같이하고 싶어 수억 달러를 지불할 의향이 있다는 것만으로도 매우 긍정적이었다. 판돈의 크기만 봐도 왜 르브론과 카터가 미디어 세계에서 자신들의 거래 성사 능력에 대해 자신감이 차올랐는지 알 수 있었다. 르브론 역시 그 경기에 초대받았으나 자신의 프리 에이전트에 집중되어 경기가 사이드 쇼가 될 것을 우려해 참석을 거절했다. 그래서 카터가 대신 이매뉴얼과 드림웍스의 최고 경영자인 제프리 캐천버그와 영화감독 스티븐 스필버그 등 옆에 앉아 있었던 것이다. 아, 그리고 톰 크루즈도 거기에 있었다. 로스앤젤레스에서만 가능한 일이었다.

카터는 텔레비전 특집 방송 거래를 성사시킬 수 있는지 이매뉴얼에게 물어봤다. 사실 그들은 이미 상영 시간을 굳이 살 필요 없다는 것도 어느 정도 짐작하고 있었다. 타이거 우즈도 자신의 메시지를 통제하기 위해 굳이 상영 시간을 살 필요가 없었다. 만약 르브론이 어느 한 방송사에 발표 관련 방송 독점권을 준다면 굳이 사지 않아도 될 것이었다. 르브론의 농구 관련 업무는 이매뉴얼의 최대 라이벌인 CAA가 관리해 주고 있었지만, 르브론의 그룹은 다큐멘터리 「모어 댄 어 게임」 배급 계약을 위해 이매뉴얼의 회사와 이미 거래한 적이 있었다. 경기가 끝난 뒤 저녁 식사를 하면서 대화가 이어졌다. 다음 날 이 단순한 아이디어는 이매뉴얼과 그의 회사 WME가 추진하는 현실적인 프로젝트가 되었다. 르브론의 프리 에이전트 발표는 뜨거운 관심과 이매뉴얼의 영향력을 감안한다면 성사될 수밖에 없었다.

「매버릭과 짐 그레이에게서 전화를 받았고, 그들이 처음 접촉한 사람이 저였다고 확신해요. 그리고 저는 아리와 논의했죠.」 사장이 되기 전인 2010년 당시 ESPN 콘텐츠 담당 부사장이었던 존 스키퍼는 말했다. 「그들은 저에게 자신들의 아이디어와 자선 사업 부문에 대해 말해 줬어요. 그들은 기부에 대해 냉소적이지 않았고 진지하게 고려하고 있었지만, 자선을 해야하는 근본적인 이유에 대해서도 다들 이해하고 있었죠. 저는 당시 ESPN의 모든 콘텐츠를 담당하고 있었고, 그들에게 한 시간을 줄 능력이 있어서 그렇게 했어요.」

그레이는 ESPN에 근무한 적이 있으나 이미 방송국을 떠난 상태였기 때문에 ESPN은 그레이가 진행하는 것을 탐탁지 않아했다. 그 소식이 회사 내부에 퍼지자 반발하는 사람들도 있었다. 하지만 이매뉴얼은 그레이가 인터뷰를 담당하도록 강력히 요청했고, 그렇게 되었다. 이매뉴얼과 스키퍼는 세부 사항을 오랫동안 논의해 합의점에 도달했다. 근래 들어 가장 기억에 남을 뉴스거리를 독점으로 방영할 수 있는데 ESPN에서도 마다할 이유가 없었다.

이매뉴얼은 간부 중 한 명인 마크 돌리를 이 특별한 기획에 참여시켰다. 돌리는 동부에서 가장 부유한 지역 중 하나인 코네티컷주의 그리니치에 살고 있었는데, 개인 전용 비행기를 가지고 있었다. 근처에 화이트 플레인스 공항이 있어 르브론과 그의 일행이 이 지역을 쉽게 드나들 수 있을 거라고 생각했다. 그는 근처에 있는 〈소년 소녀 클럽Boys & Girls Club〉이라는 비영리 단체의 체육관에서 쇼를 하는 것을 제안했다. 르브론은 자신이 어렸을 때 그 단체로부터 도움을 받았기 때문에 관심이 있었고, 전국적인 단체였기 때문에 기부금을 한 곳이 아닌 여러 도시에 나누어 도와줄 수 있다는 점도 좋았다.

예전과 마찬가지로, 르브론은 그의 파트너들에게 연락했다. 나이키는 기꺼이 기부할 의향이 있었지만 대놓고 방송 프로그램에 광고하고 싶어 하진 않았다. 그것은 매우 현명한 결정이었다. 코카콜라와 마이크로소프트는 광고 시간을 사는 데 합류했다. 비타민워터와 마이크로소프트 검색 엔진 〈빙〉이 주요 광고주가 되었다. 르브론과 특별한 관계없이 유일하게 광고 시간을 산 온라인 대학 피닉스 대학교는 제일 많은 광고 시간을 구매했지만, 일부를 소년 소녀 클럽에 기부했다. 광고 매출은 매우 좋았다. 총 4백만 달러를 벌었는데, 이는 생중계 스포츠 경기 없이 한 시간짜리 쇼로서는 대단한 금액이었다.

이 모든 것이 약 한 달 만에 완성되었는데, 이 정도 규모의 프로젝트로서는 이례적인 일이었다. 특히 이런 독특한 쇼의 경우 더욱 그러했다. 전례가 없었다. 이런 방송을 이끌어 본 PD 또한 없었다. 연설 준비를 위해 PGA 투어에 도움을 요청했던 우즈와 달리 르브론은 NBA에 도움을 요청하지 않았다. 그것을 알았을 때 스턴은 끔찍한 생각이라고 여겨 막으려 했다. 그는 스키퍼에게 여러 번 전화해서(ESPN은 당시 NBA 텔레비전 파트너 중 하나였다) ESPN이 하지 않도록 설득하려 노력했다.

〈더 디시전〉을 막을 수 있는 사람은 없었다. 카터와 르브론은 몇 세대에 걸쳐 라이징 스타들이 저질러 온 전형적인 실수를 범한 것 같았다. 그들은 그들이 할 수 있는 일에 너무 집중한 나머지 해야 할 일과 하지 말아야 할 일을 충분히 고려하지 못했던 것이다.

그 실수는 이매뉴얼과 WME도 마찬가지였다. 텔레비전 쇼나 영화 경험이 많은 그들에게도 이것은 새로운 분야였다. 하지만 어떤 면에서는 새로운 영역에 먼저 진입하는 것이 이 사업에서 승리하는 또 다른 길일 수도 있었다. 제일 큰 케이블 방송의 (동부 시간으로) 저녁 9시 타임을 따내고, 자신들이 직접 광고를 판매한 것이다. 그것은 엄청난 힘을 과시하는 것이었고, 이론적으론 새로운 사업 방식이 될 수도 있었다.

하지만 실제 쇼는 허점이 많았다. 그 전주에 여섯 개의 팀(마이애미 히트, 뉴욕 닉스, 뉴저지 네츠, 시카고 불스, 클리블랜드 캐브스)과 만난 뒤, 르브론은 클리블랜드에서 비행기를 타고 와 그리니치에 있는 돌리의 집에서 오후를 보냈다. 쇼에만 집중하는 대신, 그는 광고 계약의 일부로 피닉스 대학교의 광고 촬영을 해야 했다. 그러던 중 뉴욕에 있던 카녜이 웨스트가 르브론의 행방을 알게 되었고, 쇼를 시작하기 전 함께 시간을 보내려고 깜짝 방문했다. 돌리는 장소를 조용하게 유지하고 싶었지만, 로컬 소년 소녀 클럽에서 분주하게 촬영 준비를 하는 등 조용히 지낼 수 있는 분위기가 아니었다.

방송하는 날 오후 르브론이 마이애미 팀으로 이적한다는 보도가 떠돌기 시작했다. 하지만 2010년 당시 SNS는 이제 막 시작 단계였고(심지어 르브론은 방송이 있는 주까지도 트위터에 가입하지 않았다), 소문은 (대중에게) 더디게 퍼졌다. 여러 매체에서 르브론의 향후 행방에 대해 보도했지만, 2~3년 후만 해도 SNS를 통해 순식간에 퍼져 나갔을 뉴스들이 당시에는 그렇게 빨리 퍼지는 것이 흔치 않았다. 그래서 전혀 모르는 상태에서 발표를 본 사람들에게는 더 큰 충격이었을지도 모른다. 혹은 이미 보도를 들었더라도 발표 전까지 믿지 않았을 수 있다.

방송 배경은 전체적으로 조금 음울하고 어두운 느낌이었다. 체육관 뒤쪽 의자에 일부 아이들이 조용히 앉아 있고, 그들 옆에는 부자연스럽게 비타민워터 자동판매기가 놓여 있었다. 체육관에서 느낄 수 있는 활기 넘치는 에너지는 전혀 없고 긴장감만 흘렀는데, 시청자들은 그것을 고스란히 느낄 수 있었다. 그가 방문한 팀 중 두 개 팀과 아주 가까운 장소에서 발표 인터뷰를 한다는 것도 궁금증을 자아냈다.

「그것은 백만 개의 수많은 작은 판단이 모여 큰 착오를 일으킨 것이었어요. 하지만 하나하나 작은 결정 뒤에는 다 나름의 이유가 있었죠.」 당시 르브론과 일했던 코카콜라 임원 엘런 루시가 말했다. 「저 개인적인 생각으로는 시간이 더 필요했어요. 하지만 일이 일어난 뒤에만 보이는 것들이 있긴 하죠.」

그레이는 인터뷰 질문 목록을 르브론, 카터, 그리고 리언 로즈와 같이 논의하고 살펴보았다. 다음 날 르브론이 다른 팀과 계약을 체결할 예정이었는데, 리언 로즈는 어느 팀과 계약하게 될지 확실히 알지 못했다. 하지만 클리블랜드와의 재계약이 아니란 것은 확실했다.

그레이는 공식 발표 순간의 긴장감을 최상으로 끌어올리고 시청자의 이목을 끌기 위해 여러 가지 질문을 던졌다(정확히 18개였다). 이는 긴장감을 인위적으로 연장시키는 느낌을 주어, 결국 시청자들을 짜증 나게 했다. ESPN 스튜디오에서 인터뷰로 넘어간 지 10분이 지나가도록 이적에 대해 발표하지 않았다. 이 일로 나중에 비난을 받았으나, 사실은 기존 계획보다 더 짧게 타협한 것이었다. 원래는 더 오래 기다리게 하고 발표 직전에 광고도 하는 것이었다. 그레이는 대본에 있는 질문과 르브론이 여전히 긴장할 때 손톱을 물어뜯는지 등 즉흥적인 질문들을 섞어 가며 시간을 끌었다. 한편 르브론은 실제로 긴장한 채 떨고 있었다.

그레이는 르브론에게 그의 선택을 아는 사람이 얼마나 되냐고 물었고, 르브론은 두 손으로 셀 수 있다고 했지만, 그것은 사실이 아니었다. 예를 들어, 르브론과 그의 친구들이 탈 전용 비행기 조종사와 승무원들은 비행 계획을 미리 제출하고 도착지에 따라 연료 상황을 점검해야 하기 때문에 로스앤젤레스, 시카고, 마이애미 가운데 갈 곳을 이미 보고받은 상황이었을 것이다. 그리고 그때쯤에는 충분히 많은 사람이 알고 있었을 것이다.

그레이가 르브론에게 팀들은 그의 결정을 통보받았는지 물어보고 있을 때, 나는 캐브스의 소유주인 댄 길버트에게서 문자 하나를 받았다. 그는 르브론으로부터 마이애미와 계약한다는 소식을 들었다고 말하며 내게 쇼보다 먼저 SNS에 소식을 전하라고 했지만 그러기에는 너무 늦었다. 당시 1천만 명 이상의 사람이 방송을 시청하고 있었다. 당시 나는 트위터 팔로워가 3만 명 남짓이었는데, 그 순간 아무도 내 트위터를 보지 않았을 것이다. 나는 몇 시간 전 르브론이 마이애미로 갈 거라는 것을 알고 클리블랜드 플레인 딜러라는 웹 사이트에 넌지시 귀띔하는 글을 올렸다. 그럼에도 불구하고 르브론이 그가 하려는 것에 대한 중요성을 고려한다면 공식 석상에서 발표하기 전에 마음을 바꿀 수도 있다고 생각했지만, 길버트의 문자는 르브론이 마음을 바꾸지 않았음을 확인시켜 주었다. 그렇기에 르브론이 다음과 같이 말했을 때 그리 놀라지 않았다. 「올가을, 저는 저의 재능을 사우스 비치로 가져갑니다.」

이 말을 듣는 순간 두 가지 생각이 머릿속을 스쳤다. 하나는 르브론이 항상 마이애미를 〈사우스 비치〉라고 부른다는 점이었다. 캐브스가 히트와 경기할 때면 그는 〈우리는 이번 주에 그들과 사우스 비치에서 경기를 해야 합니다〉 또는 〈히트는 사우스 비치에서 이기기 힘들어요〉라고 말했다. 하지만 실제로 히트와 경기하는 곳은 사우스 비치가 아니다. 가깝긴 하지만 서로 다른 지역이다. 그건 마치 퀸스에서 저녁을 먹고 맨해튼에서 먹었다고 말하는 것과 같다. 두 번째는 〈재능을 가져간다〉는 표현인데, 이 표현은 코비 브라이언트가 1996년 고등학생 시절 학교 강당에서 선글라스를 머리에 걸친 채 바로 NBA로 진출할 것임을 선언할 때 사용한 표현이었다.

그러나 텔레비전 시청자들은 아연실색했다. 그건 체육관에 있던 방청객들도 마찬가지였다. 박수갈채 소리는 들리지 않았고, 놀라움에 중얼거림이나 〈헉〉 하는 소리만 들릴 뿐이었다. 마치 방송 중에 방송인이 불쾌한 농담을 던진 듯한 상황이었다. 아이들은 시킨 대로 아무 소리도 내지 않았다. 그는 슈퍼팀을 만들기 위해 마이애미로 가기로 했지만, 거친 방법으로 세상에 알렸다. 〈저의 재능을 가져갑니다〉는 계획된 대사가 아니었고, 순식간에 어리석음으로 낙인되었다.

「저는 단지 그가 좀 더 준비된 발언을 하지 않았다는 것에 놀랐을 뿐이에요. 그는 그렇게 말하면서 자신을 곤란한 상황에 빠뜨렸어요.」 스키퍼는 말했다.

「그가 받은 조언은 형편없었어요. 이 쇼는 잘못된 생각, 잘못된 제작, 그리고 잘못된 실행으로 만들어졌어요. 우리는 말리고 싶었지만, 들으려는 사람이 많지 않았어요.」 스턴은 방송 후 며칠 지나 이같이 말했다.

당연히 클리블랜드의 팬들은 그들의 영웅이 다른 곳에서 뛰기로 결정했다는 사실에 상처를 받았다. 클리블랜드와 애크런에 있는 팬들을 이해시킬 만한 방법이 딱히 없었겠지만 그는 거의 시도조차 하지 않은 것 같았다. 텔레비전 쇼는 그저 상황을 더 악화시킨 것 같았다.

10개월 후, 르브론은 히트와 함께한 첫 시즌 플레이오프에서 셀틱스를 꺾은 뒤 처음으로 자신의 감정에 대해 털어놓았다. 「클리블랜드에 있는 팀원들을 사랑하고 고향을 사랑했지만, 저는 셀틱스를 상대로 혼자서는 해낼 수 없다는 것을 마음속 깊이 알게 되었어요. 모든 친구와 가족, 그리고 고향에 있는 팬들이 느꼈을 실망감에 대해 사과합니다. 하지만 마이애미로 내려와 두 명의 선수[42]와 함께 뛰는 것은 저에게 일생일대의 기회라고 생각했습니다.」

만약 르브론이 그의 계획을 발표하기 직전이나 직후에 그런 말을 했다면 거센 반발이 조금은 수그러들었을 수도 있다. 하지만 그날 밤 그는 그럴 만한 마음의 여유가 없었다. 농구와 비즈

---

42 르브론은 드웨인 웨이드, 크리스 보시와 같이 마이애미 히트에서 뛰었는데, 두 사람은 당시 NBA 현역 선수 중 톱 5와 톱 15 안에 들었다. 다섯 명이 뛰는 농구 팀에 르브론을 포함해 톱 5가 두 명, 그리고 다른 한 명의 톱 15 선수가 있는 경우(이를 〈슈퍼팀Superteam〉이라고 함)는 매우 이례적이었다. 향후 선수들끼리 슈퍼팀을 만들기 위해 이적하거나 트레이드를 요청하는 경우가 많이 발생했다.

니스에 대한 직감은 항상 좋았지만 〈더 디시전〉에 대해서만큼은 음을 구별할 줄 모르는 음치 같았다. 콘셉트 자체도 실패였지만, 쇼가 끝나고 기대했던 시청자들의 반응은 그의 예상과 달리 일생의 최대 오판이었다. 르브론은 선택하지 않은 팀의 팬들이 화낼 것은 예상했지만, 얼마나 팬들의 분노를 불러일으킬지, 방송이 어떻게 그와 그의 그룹을 더 쉽게 비난의 표적으로 만들지에 대해서는 전혀 예상하지 못했다.

길버트보다 더 화난 사람은 없는 것 같았다. 방송 후 두 시간도 되지 않아 길버트는 캐브스의 팬들에게 편지를 발표했는데, 이 편지는 쇼만큼이나 욕을 먹었다. 편지에서 그는 르브론을 〈우리의 전 영웅〉, 〈나르시시스트〉, 〈선대 왕〉이라 불렀고, 방송에 대해서는 〈비겁한 배신〉, 〈수치스러운 이기심〉, 〈충격적인 불충실 행위〉, 〈무정하고 냉담한 행동〉이라 평가했다.

내 메일함에 도착한 캐브스의 편지 내용은 너무 충격적이었다. 문장들이 이전보다 더 악랄해 보여 팀의 공식 성명서라는 사실을 믿을 수 없었다. 그 이유 중 하나는 이 편지가 대부분 팀의 공식 성명서와 달리 확대된 〈코믹 산Comic Sans〉[43] 글씨체로 되어 있었기 때문이다. 길버트에게서 사적인 이메일을 받아본 적 있는 사람이라면 그가 선호하는 글씨체임을 알 것이다.

이러한 생각을 발표하기로 한 길버트의 선택에 대해 훨씬 더 많이 말할 수 있지만 다른 이들에 의해 이미 많이 다뤄졌다. 넘어가기 전에 알아 두자. 스턴은 쇼에 대해 르브론을 책망했지만

---

43 보통 진지함을 빼고 코믹함을 담은 내용에 사용되는 글꼴.

그 이상 어떤 조치도 취하지 않았고, 길버트에게는 편지에 대해 10만 달러의 벌금을 부과했다.

쇼와 관련해서는 르브론이 마이애미로 간다고 발표하자 시청률이 하락하기 시작했다. 시청자들에게 이 쇼의 목적을 상기시키기 위해 쇼 말미에 소년 소녀 클럽에 백만 달러짜리 수표를 증정하는 시간이 논의되었지만 무산되어 버렸다. 아직까지 무산된 이유를 아는 사람은 아무도 없다. 그 결과 〈더 디시전〉이 어마어마한 금액의 자선 사업이었다는 것을 기억하는 사람은 별로 없다.

총 250만 달러 이상의 금액이 전국 59개가 넘는 도시의 소년 소녀 클럽에 기부되었고, 휴렛팩커드와의 파트너십을 통해 수천 대의 새 컴퓨터도 함께 제공되었다. 기금의 많은 부분이 마이애미, 클리블랜드, 뉴욕, 시카고, 로스앤젤레스, 그리고 그리니치에 위치한 클럽에 보내졌다. 이 기금은 새로운 지붕을 설치하고 농구장을 수리하는 데 주로 쓰였다. 만약 이런 노력이 쇼의 초반 10분경에 먼저 부각되었다면 결과는 달라졌을 수도 있다. 르브론의 선택에 대한 반응은 같았을지 몰라도 쇼에 대해서는 다르게 기억되었을 것이다.

그러나 그 쇼의 의도 중 대부분은 기억에서 사라졌을 뿐만 아니라 그 순간에도 잊혔다. 몇 달 뒤 기부금이 지역 클럽들을 위해 어떻게 쓰였고 어떤 영향을 끼쳤는지 소식이 전해졌을 때, 분노한 팬들은 무시하거나 쇼를 좋게 포장하려는 것으로 치부했다.

마이애미로의 이적 발표 후 쇼의 나머지 부분은 애크런에 위치한 르브론의 고등학교에서 ESPN의 해설자 마이클 월본이 진행하여 미리 촬영한 인터뷰가 방영되었다. 하지만 발표 이후 방송 분량은 대부분 사람들의 기억에서 사라졌다. 다음 날 르브론이 드웨인 웨이드, 크리스 보시와 함께 마이애미의 경기장에서 거창한 스테이지에 나와 발표했을 때도 마찬가지였다. 그는 그날 많게는 일곱 번이나 우승할 거라고 예측해 다시 한번 비판을 받았다. 굳이 따지자면, 그는 경기장 안 관중과 얘기하고 있고, 관중을 흥분시키기 위해 고의로 과장한 것도 있었다. 이 두 개의 쇼는 매우 달랐고, 두 번째는 히트 팀이 제작했음에도 사람들은 두 쇼에 대해 르브론을 비난했다.

일주일 후, ESPN은 몇 년 전 르브론이 진행을 맡았던 ESPY의 스포츠 시상식에서 르브론을 조롱했다. 배우 스티브 커렐과 폴 러드가 출연해 커렐이 르브론 역을 맡으며 〈저는 제 식욕을 아웃백 스테이크 하우스로 가져갑니다〉라고 패러디했다. 르브론의 동맹들이 그에게 등을 돌린 사례 중 하나였다.

그 여파가 퍼지면서 르브론과 그의 그룹은 ESPN에 분노했다. 그들은 그동안 서로 파트너였음에도 불구하고 방송 이후 ESPN이 그들을 지지하지 않았다고 느꼈다. 월본과의 인터뷰 영상을 내보내는 중에 ESPN은 클리블랜드 팬들이 르브론의 유니폼을 불태우는 모습을 보여 주었다.

만약 캐브스 팀이 (르브론의 실력이 모자라) 르브론을 퇴출하거나 다른 팀으로 트레이드하기로 결정했다면 대중은 팀의 결정을 〈비즈니스〉라 여겨 어쩌면 이해했을지도 모른다. 르브론도 같은 맥락에서 선수가 우승을 위해 더 실력 있는 팀으로 이전하는 것이 이해되어야 한다고 주장했다. 하지만 그 말은 클리블랜드가 느끼는 원초적 감정을 전혀 고려하지 않은 매우 냉소적인 답변처럼 보였다. 다음 해 시즌에 르브론은 무언의 항의로 ESPN과 일대일 인터뷰를 거부했다.

입을 수 있는 만큼 타격을 입었다. 두 달 뒤 일반 대중이 특정한 공인에 대해 어떻게 생각하는지 측정하는 회사 큐 스코어 컴퍼니는 르브론의 Q 등급이 큰 타격을 입었다고 발표했다. 8개월 전 여론 조사와 비교하면 그를 긍정적으로 본 사람은 45퍼센트 감소한 반면, 부정적으로 본 사람은 77퍼센트 증가했다. 통계 결과에 대한 구체적인 해석은 다양하게 나올 수 있지만, 그의 브랜드 이미지가 크게 손상을 입은 것은 확실했다.

사람들이 쇼를 싫어했다는 것 외에 왜 이런 일이 일어났는지는 정확히 알 수 없었다. 마이애미행이 화려한 길을 가기 위해서라고 생각해서 분개한 사람도 분명 있을 것이다. 그러나 또한 대체로 많은 사람이 르브론의 이적 발표가 매우 자기중심적이고 팬들의 감정을 고려하지 않은 방식이라고 여겼다. 거기에는 인종적 요소도 작용했을 수 있다. Q 등급에 따르면 르브론에 대한 흑인들의 긍정적 평가는 52퍼센트에서 39퍼센트로 떨어진 반면, 르브론의 부정적 평가는 14퍼센트에서 15퍼센트로밖에 바뀌지 않았다. 결론적으로, 흑인들은 르브론의 선택을 부정적으로 여기는 사람보다 중립적인 사람이 더 많았다.

발표 과정에서 대부분 배제되었던 언론은 거센 비난을 점점 더 증폭시켰다. 르브론은 멤피스나 애틀랜타, 포틀랜드같이 르브론의 선택과 전혀 관계없는 원정 경기에서도 일상적으로 야유를 받았다. 다음 시즌에 MVP는 데릭 로즈가 수상하며 그는 2년 연속 MVP 수상으로 만족해야 했다. 물론 잘하는 다른 선수들과 같이 뛰는 바람에 기록이 조금 하락하긴 했지만, 르브론은 〈더 디시전〉 때문에 자신이 MVP를 수상하지 못했다고 생각했다. MVP 투표권은 언론도 가지고 있는데, 언론이 자신을 뽑지 않았다고 판단했던 것이다. 하지만 향후 2년 동안 그는 다시 MVP를 두 번 연속 수상했고, 플레이오프에서도 로즈를 압도했다.

르브론과 그의 그룹은 여전히 모든 것에 엇갈린 감정을 지니고 있다. 마이애미 히트로 간 것은 탁월한 선택이었고, 그 부분에 대한 후회는 없었다. 그의 팀은 결승전에 4년 연속 진출했고, 그는 두 번이나 우승했다. Q 등급이었음에도 불구하고, 2010-2011 시즌은 그의 신발 매출 최고 시즌이었고, 그의 유니폼 판매량도 1위로 상승했으며, 히트 경기의 시청률 역시 모든 팀 중에서 꾸준히 최고였다. 또한 그들이 자선 단체에 보낸 돈은 두말할 것도 없이 아이들에게 실질적이고 즉각적인 영향을 주었다.

이런 결과를 어떻게 받아들여야 할까? 이 모든 것은 그들이 그토록 얻고자 노력한 것이었다. 그들은 목표를 달성했고 새로운 세계를 만들고 있었다. 모든 반발에도 불구하고 카터는 미디어 사업 관계자들에게 눈도장을 찍었다. 쇼의 피해를 평가하기 위해 모여 논의할 때도, 그들은 사실 실패로 인정하기 힘들었다. 쇼가 보기에 좋지 않았고 진행 방식도 형편없었다는 것은 인정하지만, 기본적 개념은 그들이 바라던 것과 정확히 일치했다. 그들에게 최고의 시간이자 최악의 시간이 동시에 일어났던 것이다.

〈더 디시전〉의 중요한 희생자 중 하나는 르브론과 브라이언 그레이저가 함께 작업하고 있던 영화 프로젝트였다. 〈판타지 농구 캠프〉에서 〈농구 선수들〉로 제목이 바뀌었고, 영화는 유니버설과 그레이저의 제작사에 의해 발표되었다. 감독도 고용하고, 2010년 여름에 촬영을 시작해 2011년에 개봉할 계획이었다. 하지만 〈더 디시전〉의 여파로 영화 촬영은 연기되었고 결국 파투나고 말았다.

이전보다 더 세간의 이목을 끌게 된 르브론은 이 상황을 잘 받아들이지 못했다. 그는 호감을 받는 데 익숙했다. 농구 경기에서 실패하기도 하고 그 전 해 플레이오프에서 형편없었다는 비판을 받기도 했지만, 이런 취급을 받은 적은 단 한 번도 없었다. 가장 나쁜 것은 그가 자신이 구렁텅이로 빠지는 것을 허용하는 듯했다는 점이다. 그는 열렬한 독자이자 텔레비전 시청자였기에 자신에 대해 언급되는 모든 것을 알고 있었다.

히트가 첫 시즌부터 승리를 거두었을 때도 르브론은 비판에 너무 상처받아 성격도 바뀌었다. 언제부턴가 그는 새 트위터 계정을 사용해 다음과 같이 작성했다. 〈올여름 나를 비판한 모든 사람을 기억하지 못할 거라고 한 순간도 생각하지 마라. 예외 없이 모든 사람을 기억할 것이다!〉 어떨 때는 사람들이 SNS를 통해 그에게 보내는 혐오스럽고 심지어 인종 차별적인 메시지를 자신의 계정에 올리기도 했다. 어떤 면에서는 사람들의 동정심을 유발하기 위한 것일 수도 있지만, 실제로는 오히려 역효과를 불러왔다. 사람들이 허공에 떠들어 대는 이야기가 실제로 르브론에게 전달되는 셈이었고, 메시지의 양은 점점 더 많아졌다.

르브론은 동료들의 가벼운 농담마저 받아들이지 못하기 시작했다. 벤치 선수였던 앤서니 톨리버가 그해 여름 미네소타 팀버울브스와 NBA 기준으로 비교적 적은 450만 달러에 2년 계약을 체결했을 때 그는 〈더 디시전〉을 따라 하는 영상을 만들었다. 그 영상에서 그는 〈저는 제 서비스를 북쪽으로 가져가겠습니다〉라고 했다. 나중에 그것을 들은 르브론은 〈저도 그것에 대해 들었고, 이번 시즌에 우리는 미네소타와 두 번 경기한다는 것도 알고 있어요〉라고 말했다. 농담이라 할지라도 그답지 않은 속 좁은 답변이었다.

하지만 이런 화난 모습은 르브론의 진짜 모습이 아니었다. 그는 때때로 그것을 받아들이려고 노력했다. 마이애미로 이적한 뒤 첫 시즌에서 르브론은 포틀랜드 원정 경기에서 멋진 모습을 보여 주었다. 그는 44점을 올리고 마법과 같은 수비를 선보이며 역전승을 이끌었다. 하지만 관중은 그에게 맹렬한 야유를 퍼부었다. 포틀랜드는 그런 증오를 예상하지 못했던 곳이라 그는 두 손 두 발 다 들고 포기했다.

「모든 사람이 저에게 부여한 이 악당 역할을 받아들이기로 했어요. 괜찮아요. 저는 그것을 받아들이기로 했어요.」그는 그날 밤 말했다.

하지만 그는 괜찮지 않았다. 다음 날 나는 그런 취지의 기사를 썼는데, 카터에게서 바로 전화가 왔다. 그는 내가 그런 기사를 쓴 이유를 알고 싶어 했고, 나는 르브론이 그렇게 말했기 때문이라고 대답했다. 카터는 동의하지 않았고, 르브론이 그렇게 말하거나 느낄 필요가 없다고 말했다. 그와 리치 폴은 르브론을 찾아가서 설득했다. 그리고 며칠 뒤 로스앤젤레스에서 르브론은 자기가 한 말을 취소했다. 그 모든 것의 근원은 〈더 디시전〉이었다. 그는 1년 이상 매일 그 결과를 참고 겪어야 했다. 2011년 후반이 되어서야 안개 속에서 벗어나기 시작해, 원래 자신으로 돌아가겠다고 약속했다.

하지만 그 상처는 영원히 그에게 남아 있다.

「저는 우리가 멋지고 흥미로운 것을 하고 있다고 생각했어요. 저는 지금도 그렇게 생각해요. ESPN에서는 스포츠 경기, 스포츠 뉴스 쇼, 그리고 예능 프로그램을 방송해요. 이 쇼는 예능 프로그램이었고, 저 개인적으로 방송을 결정한 것이었죠. 지금 돌이켜보면, 저는 단지 그 쇼가 시대를 앞서갔다고 생각해요.」스키퍼가 말했다.

스키퍼와 르브론은 같은 관점을 가지고 있었다. 이번 건에 대한 아쉬움은 참으로 복잡했다. 2010년에는 사람들을 납득시키기에 역부족이었고, 지금도 여전히 어려운 상황으로 남아 있다.

그레이는 〈지금까지 그런 일은 없었고, 다시는 이런 일이 없을 거예요〉라고 말했다.

당시 르브론과 그의 그룹은 역사가 〈더 디시전〉을 어떻게 평가할지 기다릴 수 있는 상황이 아니었다. 그것은 그들을 혼란스럽게 했고, 결국 그들이 모든 것을 재평가하도록 했다. 결과적으로 그것은 사업의 전환점이 되었다.

10
거물

2010년 가을 펜웨이 스포츠 그룹FSG 경영진이 샌타모니카에 있는 폴 와처의 사무실에서 매버릭 카터와 미팅하기 위해 참석했을 때, 그들은 그곳에 무엇을 위해 왔는지 알지 못했다.

FSG는 스포츠와 마케팅 모두에서 큰 영향력을 행사하는 회사였고 카터는 르브론 제임스를 대표해서 마케팅 거래를 협상해 줄 회사와 만남을 갖고 있었다. 원래 이를 위해 설립된 LRMR는 다각화를 준비하고 있었다. LRMR가 다른 선수들의 에이전트가 되는 것을 포기하자, 아직 에이전트에 대한 꿈이 남아 있던 리치 폴은 르브론의 에이전트인 리언 로즈가 있는CAA 밑에서 일하기 위해 LRMR를 떠나기로 했다.

르브론은 농구 외에 미디어와 엔터테인먼트 부문에 많은 관심을 갖기 시작했다. 영화 프로젝트가 무산되었음에도 불구하고, 그는 인기를 끌었던 나이키 광고 시리즈를 바탕으로 〈르브론스〉라는 네 명의 다른 캐릭터를 직접 연기하는 만화 시리즈를 만들었다. LRMR가 르브론을 위해 성사시켰던 스테이트 팜이나 맥도날드 등의 일부 광고는 스티브 스타우트와 같이 외부인의 도움을 받았고, LRMR는 더 많은 지원을 찾고 있었다.

그들이 생각하는 프레임은 이해가 갔지만 문제는, FSG가 개별 선수들을 위해 일하지 않고 특정 브랜드 혹은 스포츠 팀을 대표하거나 그것들을 소유하는 데 특화되어 있다는 점이었다. FSG의 주요 소유주는 원자재 거래로 큰 성공을 이룬 존 헨리였다. 그는 이미 12명 이상의 파트너와 함께 일하고 있었다. 그중 가장 중요한 한 명은 와처와 매우 친한 친구이자 할리우드 제작자로 성공한 톰 워너였다. 와처는 이전과 동일한 방식으로 카터를 헨리와 워너에게 소개해 주었는데, 그들은 워런 버핏의 회사인 버크셔 해서웨이의 연례 주주 모임에서 처음으로 인사를 나눈 사이였다. 그럼에도 불구하고 와처가 거래를 성사시키기 위해서는 많은 창의력이 필요했다.

FSG는 와처의 도움으로 2001년에 보스턴 레드 삭스를 인수했다. 당시 워너는 샌디에이고 파드리스의 지분을 조금 가지고 있었으며, 헨리는 플로리다 말린스의 대주주이자 뉴욕 양키스의 지분을 조금 소유하고 있었다. 더 복잡한 문제는 몬트리올 엑스포스의 소유권과 연관되어 있었는데, 와처는 이와 관련된 모든 지분을 청산하도록 도와주었다. 따라서 결론적으로, 헨리가 레드 삭스를 갖게 되었고, 워너는 소유권을 가지고 있는 팀의 일부로서 팀의 텔레비전 사업을 운영하는 의장으로 활동하게 되었다.

이후 몇 년 동안 FSG는 나스카[44]의 루시 펜웨이 레이싱 팀의 지분을 인수해 소주주가 되었고, 2010년에는 리버풀 FC를 4억 8천만 달러에 매입했다. 그것은 또한 어려운 거래였다. 리버풀의 이전 구단주가 파산해 입찰을 통해 팀을 은행으로부터 인수해야 했기 때문이다. 물론 그 거래 또한 와처의 도움을 받았다. 거기에 더해 NESN이라는 뉴잉글랜드 전역에 레드 삭스 게임을 방송하는 로컬 채널의 지분까지 소유하면서 그들의 포트폴리오는 꽤 인상적이 되었다. 하지만 팀이 아닌 선수로서 큰 브랜드 가치를 가지고 있던 르브론이 그들과 무슨 사업을 할 수 있을까?

FSG의 사장이었던 샘 케네디는 말했다. 「폴은 파트너십을 맺는 데 매우 놀라운 배짱을 가지고 있어요. 그는 르브론이 단순한 선수가 아니라, 그 자체가 프랜차이즈라는 것을 우리에게 분명히 알려 주었어요. 그와 카터는 독특하고 기발한 계획을 가지고 있었어요. 그들은 스포츠 팀의 가치에 대해 장기적으로 생각해 전통적인 방식의 거래를 포기했죠. 존과 톰이 레드 삭스를 성공적인 팀으로 이끌었듯이 리버풀도 성공적으로 이끌 수 있다고 믿어 현명한 내기를 하는 거라고 말했어요.」

본질적으로 그것이 와처의 제안이었다. 여전히 〈더 디시전〉의 상처에서 회복 중이던 와처와 카터는 지난 5년 동안 쌓아 온, 자신들이 원하던 거래를 성사시켰다. 르브론과 사업을 하고 싶어 하는 사람들의 단순한 욕구를 수익화하고 각각의 거래에서 가능한 한 많은 현금을 짜낼 수 있도록 정해진 금액이 아닌 그

44 미국에서 자동차 경주 대회를 주최하는 가장 큰 협회.

이상의 가치를 끌어낼 만한 것을 포착해 내는 것이었다.

　FSG는 르브론 대신 그의 마케팅 거래를 성사시킬 수 있는 권한을 부여받고, 거래 성사 시 일정 비율의 수수료를 챙길 수 있었다. 또한 회사는 자신들의 자산 포트폴리오에 르브론의 이름을 추가할 수 있었다. 물론 당시 라이벌이던 셀틱스가 위치한 보스턴에서는 대중의 반응이 좋지 않았겠지만 말이다. 그 대가로 르브론과 카터는 방금 인수한 리버풀 FC의 지분 중 약 2퍼센트를 받았다.

　솔직히 말해 와처와 워너의 친분 없이는 불가능한 거래였을 것이다. 르브론에게 꽤 후한 거래였다. 하지만 (보통 빨리 돈을 벌고 싶어 할) 이십 대 선수가 잉글랜드 축구 클럽을 사는 것에 만족한다는 것도 흔치 않은 일이다. 이것은 카터와 르브론이 당시 나이에 비해 가치를 이해하는 면에서 성숙함을 보여 준다. 물론 르브론이 유명하지 않았다면 FSG가 그에게 마치 이제 값이 오를 비싼 땅과 같은 가치 있는 지분을 내주지 않았을 것이다. 그럼에도 불구하고 2010년 겨울내 협상한 끝에 2011년 봄 거래가 성사되었다. 이것은 FSG가 (르브론을 대신해) 마케팅할 수 있는 권리와 그들이 가지고 있는 스포츠 팀의 소유권을 맞바꾼 거래로, 지금껏 미국 운동선수가 한 가장 독특한 거래 중 하나로 남아 있다.

　거래가 성사되고 얼마 지나지 않아 르브론은 리버풀 팀의 전설적인 경기장인 앤필드에서 경기를 보기 위해 리버풀로 여행을 떠났고, 그 팀의 선수들과 만남이 주선되었다. 르브론은 모든 선수를 위해 선물을 가져갔다. 만약 여러분이 이 책을 여기까지 읽었다면 어떤 선물인지 짐작할 것이다. 모든 선수가 착용하고 그 모습을 보여 줄 수 있는 스페셜 에디션 비츠 헤드폰이었다.

르브론과 FSG의 파트너십이 성사된 직후, 그들은 스위스의 고급 시계 제조사인 오데마 피게와 첫 마케팅 계약을 맺었다. 연간 백만 달러도 안 되는 작은 거래였지만, 이런 파트너십에서만 기대할 수 있는 국제적 마케팅 계약이었다.

당연히, 와처도 이 거래에 연관되어 있었다. 와처의 원조 고객이었던 아널드 슈워제네거는 1998년부터 오데마 피게 시계의 광고 모델이었고, 슈워제네거와 와처는 이 회사와 오랜 친분을 가지고 있었다. 2013년에 오데마 피게는 르브론의 이름이 새겨진 5만 1천5백 달러짜리 한정판 시계를 출시했다. 이 시계는 딱 6백 개만 제작되었다.

2012년, FSG는 르브론과 던킨의 계약을 성사시켰다. FSG는 이미 던킨의 국제 마케팅을 담당하고 있었기에 어찌 보면 내부 협업이라 할 수 있었다. 이번 거래로 르브론은 중국, 대만, 한국, 인도에서 던킨과 배스킨라빈스 광고 모델로 활동하게 되었다. 양 당사자 모두 원하던 거래였다. 던킨은 르브론의 인기를 활용할 수 있었고, 르브론은 수천만 달러짜리 거래를 찾은 것이었다. FSG는 향후 삼성과 프로그레시브 보험사(르브론과 스테이트 팜의 계약이 만료된 후) 간 계약 체결도 도왔다.

르브론에게 너무나 아름다운 거래였다. 2018년 말에 『포브스』는 리버풀 FC의 가치를 헨리와 그의 파트너들이 불과 8년 전에 지불한 금액의 4배인 19억 달러로 평가했고, 이것은 르브론과 카터가 가지고 있는 지분의 가치도 치솟아 3천만 달러가 되었다는 뜻이었다. 그뿐만 아니라 FSG가 르브론을 위해 찾은 광고 거래까지 포함한다면 르브론과 FSG의 파트너십은 그에게 참으로 훌륭한 거래였다. 이 모든 것이 와처가 수년간 르브론의 사업 발전에 얼마나 많은 기여를 했는지 잘 보여 준다.

FSG 경영진은 르브론과의 거래가 양측 모두에게 잘 이루어졌다고 주장하지만, 르브론의 리버풀 지분 가치가 증가한 만큼 FSG가 마케팅 거래 수수료를 벌지는 않았을 것이다. 그 이유 중 하나는, 르브론이 회사가 그를 위해 마련한 광고 계약에 관심을 덜 갖기 시작했기 때문이다. 고급 시계와 중국에서 활동하는 계약들이 유익하긴 했지만 르브론과 카터는 소유권을 가질 수 있는 방법에 더 관심을 두었기에 유사한 제안들을 자주 거절했다.

FSG와 파트너십을 맺으면서 얻은 큰 이점 중 하나는 르브론과 카터가 워너가 진행하는 사업에 뛰어들 수 있었고, 그와의 관계를 더 심화시킬 수 있었다는 것이다. 그들은 2012년에 또 다른 사업을 같이했다. 블레이즈 피자라는 스타트업 프랜차이즈 레스토랑에 마리아 슈라이버와 그녀의 아들 패트릭 슈워제네거, 그리고 워너와 함께 투자한 것이다.

이번에도 당연히 와처가 거래를 도와주었다. 회사에 대한 투자 외에 르브론은 마이애미와 시카고의 프랜차이즈 판권도 얻었고, 5년 동안 20개 이상의 지점을 열었다. 물론 프랜차이즈는 르브론과 연관되어 어느 정도 혜택을 받기는 했지만, 비츠와 같이 르브론을 공식 광고 모델로 사용하지는 않았다. 이전에 르브론이 해오던 방식보다 더 고전적인 투자 방식이었다.

하지만 2017년에 모든 것이 달라졌다. 『포브스』는 4년 동안 지점 2개에서 2백 개로 확장한 이 레스토랑을 역사상 가장 빠르게 성장하는 프랜차이즈라고 말했다. 와처와 카터는 그들이 원하는 방식의 거래를 할 수 있는 기회를 찾았다.

맥도날드와 르브론의 광고 계약은 그해 만료되었다. 이것은 르브론과 카터가 지난 10년 동안 추구했던 전통 있는 브랜드와의 수익성 좋은 계약이었다. 맥도날드는 4년 연장 계약을 하는 것으로 총 1천5백만 달러를 제시했는데 이는 상당히 높은 금액이었다. 특히 매년 르브론이 (광고를 찍기 위해) 며칠만 할애하면 되는 점을 생각하면 더욱 그랬다. 하지만 블레이즈는 르브론의 회사 지분을 늘릴 의향이 있었고, 그를 〈회사의 앰배서더〉로 지목했다. 그것은 회사의 대변인보다 멋있게 들렸다. 그리고 블레이즈는 해외 진출을 계획했는데, 그것은 곧 르브론이 투자할 더 많은 시장을 개척할 수 있다는 뜻이었다. 그리고 자연스럽게 그가 원래 사려고 했던 지분보다 훨씬 더 많은 지분을 받게 해주는 거래였다. 조던은 맥도날드와 수년 동안 같이 일하면서 수백만 달러를 모은 반면, 르브론과 카터, 와처는 수천만 달러를 생각하고 있었다.

「제가 생각한 것은 〈우아, 이건 우리가 실제로 이룰 수 있겠다〉였어요. 금전적인 면과 무관하게 우리가 실제로 무언가를 이룰 수 있다는 것이었어요. 그리고 만약 성공하지 못한다면 그건 나 자신을 탓할 수밖에 없지요.」 르브론은 말했다. 르브론은 직접 제작한 팟캐스트 〈언인터럽티드〉[45]에서 거래를 발표하며 이와 같이 말했다. 「제가 생각한 것은 〈피자를 안 좋아하는 사람이 어디 있겠어? 세상에 피자를 싫어하는 사람은 없다〉였어요.」

그룹 내에서는 블레이즈에 대한 투자가 몇 년 후면 비츠가 준 횡재를 능가할 거라 믿고 있었다. 다른 광고와 달리 르브론에게 추가로 주어진 앰배서더 역할은 대부분 SNS나 미디어 플랫폼을 이용해 회사를 추천하는 것이었다. 광고 시안을 일일이 검토하고 실제 광고를 찍기 위해 며칠간 할애할 필요도 없었다. 그들이 포기한 맥도날드의 1천5백만 달러는 더 이상 생각조차 나지 않았다.

FSG와 블레이즈 거래가 성사된 후, 르브론과 워너는 계속해서 중요하고 가치 있는 관계를 유지했다. 특히 워너는 자신이 이름을 날린 사업, 즉 콘텐츠를 제작하는 사업에 더 많은 관심을 기울였다. 워너는 역사상 가장 성공적인 텔레비전 제작자 중 한 명이다. 그는 종종 자신의 가장 큰 히트작인 「코스비 가족」과 「로잔느 아줌마」에 애착심을 드러냈지만, 「디퍼런트 월드」, 「그레이스 언더 파이어」, 「솔로몬 가족은 외계인」, 「요절복통 70쇼」 등 실제로 그에게는 훨씬 더 많은 히트작이 있다. 그리고

45 Uninterrupted. 〈방해나 중단 없이〉라는 뜻.

184

야구는 항상 그의 부업이었다. 그가 샌디에이고 파드리스 구단 주였을 때는 로잔느 바[46]가 경기 전에 국가를 부르도록 했는데, 그녀의 악명 높은 공연은 오늘날까지도 기억되고 있다.

2013년에 워너는 NBA 선수를 대상으로 한 텔레비전 쇼 아이디어가 떠올라 카터에게 연락했다. 우선, 잠깐 여기서 되짚어 볼 것이 있다. 엔터테인먼트에서 이미 크게 성공한 제작자가 엔터테인먼트에 별로 경험이 많지 않은 카터와 르브론을 프로젝트에 포함시키기 위해 먼저 연락했다는 점이다. 물론 그들이 「모어 댄 어 게임」이라는 나름 감동적이고 재미있는 영화를 제작하긴 했지만, 상업적으로는 크게 성공하지 못했다. 또한 「르브론스」라는 5분짜리 에피소드를 12개 제작해 유튜브에 올리긴 했으나 그들이 가지고 있는 큰 스튜디오에서 진행되는 또 다른 프로젝트는 없었다.

그동안 카터는 시츠 에너지 스트립스라는 회사를 광고하는 데 깊이 관여해 왔다. 이 회사의 상품은 혀에서 녹여 먹는 카페인이 함유된 스트립이었는데, 당시 레드불 등의 에너지 드링크 회사가 장악하고 있던 시장에 진입하려고 노력 중이었다. 카터와 르브론이 지분을 가진 이 회사는 마케팅 비용으로 1천만 달러의 예산을 확보할 수 있었고, 회사의 광고 문구는 〈시트해 take a sheet〉[47]였다. 큰 경기 전에 르브론이 〈시트〉했다. 회사의

---

46 시트콤 「로잔느 아줌마」의 주인공.

47 〈take a sheet〉는 〈take a shit〉와 발음이 유사하다. 〈take a shit〉는 〈똥 싼다〉라는 비속어.

일원이기도 했던 래퍼 핏불은 스테이지에서 〈시트〉하기도 했다. 『애드위크』는 이를 올해 최악의 광고 캠페인이라 칭했고, 회사는 결국 파산하고 말았다. 그렇다, 어느 누구도 1백 퍼센트 성공할 수 없고, 승자가 있으면 패자도 있기 마련이다. 카터와 르브론은 여전히 배우는 중이었다.

어쨌든 워너는 카터와 사업적 관계도 있었고, 카터의 아이디어와 그가 일하는 방식을 좋아했기에 먼저 연락했던 것이다. 그들은 그 아이디어에 대해 작업했다. 르브론은 물론 카터도 쇼 개념을 다듬었고, 워너는 다른 방송사와 채널들에 연락해 쇼를 제안하기 시작했다. 카터가 태어나기도 전부터 50개 넘는 텔레비전 쇼를 제작한 워너가 할리우드를 통해 영감을 받은 아이디어였다.

마침내 워너, 카터, 르브론이 합작해서 만든 텔레비전 드라마 「서바이버스 리모스」가 탄생했다. 이것은 결국 르브론의 사업 초점을 영원히 바꿔 버렸고, 스프링힐은 농구 코트 밖에서 그의 사업 성장을 가속화시킨 프로젝트였다. 이 시점에서 와처가 또다시 중요한 역할을 한 것은 두말할 필요도 없다. 카터는 와처와 스노보드 여행을 하는 동안 이 아이디어에 대해 말했다.

줄거리는 르브론과 카터의 스토리와 유사했다. 가난한 동네 출신이 NBA 스타가 되고, 자기 일을 관리하기 위해 어린 시절 친구를 데려오며, 그들이 고향에 두고 온 가족과 친구들을 상대하는 데 어려움을 겪는 내용이다. 와처는 내용에 관심을 가졌고, 그가 할 수 있는 일을 했다. 그는 수년간 잘 알고 지내던 스타즈라는 케이블 방송국 임원 크리스 알브레히트를 연결해 주었다. 몇 번의 미팅 후, 스타즈는 이것을 방영하기로 결정했다. 와처는 르브론, 카터, 워너와 함께 쇼의 총괄 제작자로 합류했다.

이 아이디어의 핵심은 르브론이 쇼에 출연하지 않는다는 것이었다. 그의 역할은 그냥 자기 생각을 말하고 홍보하는 것뿐이었다. 그 부분이 또 다른 차원의 세계를 만들었다. 만약 이 방식이 효과 있다면 새로운 기회가 열릴 것이었다. 르브론은 농구 선수가 본업이므로 거의 모든 시간을 농구에 집중했다. 그는 전업 제작자도, 파트타임 배우도 될 수 없었다. 드라마 「서바이버스 리모스」에 한 번 우정 출연한 것이 전부였다.

핵심은 MVP와 우승을 거머쥐며 〈더 디시전〉에서 반등하던 인기를 활용해 르브론이 은퇴 후에도 장기적으로 할 수 있는 사업을 준비해 놓는 것이었다. 그들은 새로운 미디어 전략가인 애덤 멘덜슨을 고용해 르브론의 이미지를 재건하고 미디어 분야에서도 큰 진전을 이루었다. 그는 빠르게 르브론 조직의 중요한 일원이 되었다. 예상하겠지만, 이것 또한 와처가 연결해 주었다. 멘덜슨은 민간 사업에 진출하기 전에 전 주지사 아널드 슈워제네거의 비서실장으로 일한 경력이 있었다.

「서바이버스 리모스」가 텔레비전에서 방영됨으로써 르브론과 카터가 만들고자 하는 미디어 제국에 대한 희망이 현실화될 것처럼 보였고, 할리우드 기준으로 성공적이라고 할 시즌 4까지 제작하는 등 쇼의 수준도 꽤 높았다. 많지는 않지만 골수팬도 조금 있었고, 비평가들은 특히 복잡한 이슈를 고유한 방식으로 재미있게 풀어 나가는 것을 좋게 평가했다. 카터와 르브론이 수년 전 캐넌데일과 파트너십을 맺었을 때와 같이 이 분야에서 처음으로 진정한 승리를 거둔 것이었다. 이는 그들이 르브론의 이름을 활용해 투자받을 수 있도록 도와주었고, 이 쇼는 그들의 새로운 관심사에 날개를 달아 주었다.

또한 그들이 쇼를 만드는 방식에도 상당한 변화가 있었다. 스프링힐이 제작사로서 제대로 기능하면서, 그들은 쇼를 창작하는 것이 아니라 쇼에 대한 제안을 받기 시작했다. 제안 중에는 르브론과 관련된 것도 있었지만, 그와 연관되지 않은 프로젝트도 꽤 있었다.

스프링힐은 신속하게 많은 파트너와 다양한 쇼를 연속적으로 제작하기 시작했다. LRMR는 미디어 운영 행정 업무 정도만 하는 회사로 변형되면서 카터는 더 이상 자신을 LRMR의 CEO라 하지 않고 스프링힐의 CEO로서 역할을 내세웠다.

그들은 디즈니 XD[48]와 일부 ESPN 경영진과 함께 최고 운동선수들이 그 자리에 오르기까지 과정을 보여 주는 「비커밍」이라는 다큐멘터리 쇼를 만들었다. 르브론의 이야기가 첫 회에 나왔다. 그들은 또한 클리블랜드에서 저소득층 사람들의 스타트업에 자금을 지원하고 진행 과정을 보여 주는 CNBC의 리얼리티 쇼 「클리블랜드 허슬스」를 제작했다. 이와 함께 NBC와 「더월」이라는 기존에 없던 새로운 방식으로 참가자들이 현금을 탈

48 2020년 디즈니 플러스로 이름을 변경했다.

수 있는 게임도 제작했다. 그들은 일의 완성도를 높여 가며 브랜드를 구축하고, 그 과정에서 돈도 벌었다.

스프링힐은 르브론이 미디어 사업을 중심으로 세운 세 가지 계획 중 하나였다. 이 세 가지는 독립적으로 발전했지만 함께 성장했다.

2014년에 르브론은 마이애미를 떠나 클리블랜드와 캐브스로 돌아오기로 결정했다. 이것은 분명 르브론의 경력과 NBA 역사에서 엄청난 순간이었다. 그 후 많은 일이 벌어졌고, 많은 이야기가 있었다. 나 역시 『왕의 귀환 *Return of the King*』이라는 다른 책에서 다룬 바 있으니 궁금하면 읽어 보기 바란다.

이번 르브론의 이적 발표는 2010년 방식과 확실히 차이가 있었다. 지난번에는 생방송 텔레비전 쇼를 통해 발표했으나, 이번에는 『스포츠 일러스트레이티드』라는 유명 스포츠 잡지의 웹 사이트에 르브론 자신과 실력 있는 작가 리 젠킨스가 공동 집필한 편지를 올려 자신의 선택을 세상에 알렸다. 이것은 멘덜슨의 아이디어였다. 멘덜슨은 이 방식이 대중에게 전달하는 메시지를 통제하고 〈저는 저의 재능을 사우스 비치로 가져갑니다〉라는 멘트가 나오지 않도록 방지할 수 있다고 판단했다.

솔직히 말해, 근본적인 개념은 〈더 디시전〉과 다를 바 없었다. 텔레비전 채널 대신 주요 잡지사와 그 웹 사이트가 르브론이 주도권을 잡을 수 있게 해줬을 뿐이다. 2010년에 ESPN은 르브론에게 그렇게 하도록 허용해 비난을 받았지만, 2014년에 『스포츠 일러스트레이티드』는 찬사를 받았다. 그 차이는 메시지를 전달하는 방식에 있었다.

우선 10분 동안 질질 끌지 않고 바로 발표했다. 헤드라인은 〈저는 고향으로 돌아옵니다〉였다. 이어 르브론은 클리블랜드로 돌아가기로 한 이유에 대해 개인적이며 복잡하고 미묘한 감정을 자연스러운 흐름으로 설명했다. 이전에 마이애미로 갈 때 자신이 일곱 번 우승할 것을 경솔하게 약속하는 모습이 텔레비전에 나와 고통스러운 시간을 보낸 것과 달리 팀이 우승하기까지 천천히 그리고 꾸준히 노력하겠다고 약속했다. 유력한 작가의 도움과 여러 번의 수정 덕분에 최종 결과는 모든 면에서 훨씬 더 만족스러웠다. 전사가 무적 팀을 만들기 위해 이전한다는 이야기보다 회개한 탕아가 고향으로 돌아온다는 이야기가 팬들에게는 훨씬 매력적이었다. 그리고 반드시 언급되어야 할 것은, 르브론의 경력과 그에 따른 대중의 눈빛도 많이 달라졌다는 점이다. 그는 이미 두 번 우승했고, 그것은 2010년에 없던 신뢰를 주었다.

2010년, 늦은 밤 코네티컷에서 마이애미로 향하는 비행기를 탈 무렵 그들은 〈더 디시전〉이 얼마나 큰 타격을 주었는지 알 수 있었다. 르브론의 유니폼을 태우는 영상이 퍼지기 시작했고, 소셜 미디어에서 반발이 시작되었다. 전용 비행기가 마이애미 공항에 도착해 히트 팀의 사장이었던 팻 라일리와 감독 에릭 스폴스트라가 마중 나왔을 때 르브론과 친구들은 꽤 우울한 상태였다. 스폴스트라는 이들을 축하하기 위해 쿠키를 가져왔지만, 그들에게 필요한 것은 독한 술이었다.

하지만 2014년에는 편지가 공개된 후 반응이 얼마나 좋은지 비행기가 출발하기도 전에 알 수 있었다. 르브론은 발표 당시 마이애미에 있었고, 그날 밤 캐브스와 연봉 계약을 체결하고 월드컵 결승 경기 관련 나이키 홍보를 위해 리우데자네이루로 출발하는 비행기에 올라탔다. 카리브해 남쪽으로 향하는 나이키 전용 비행기 안에서 그들은 최고급 와인 병을 따며 공개된 편지에 대한 반응과 그것이 그들에게 무엇을 가르쳐 주는지 이야기를 나누었다. 〈더 디시전〉과 마찬가지로 이것은 사실 운동선수의 권한에 대한 것이었다. 르브론이 전달하고 싶은 메시지가 있었고, 이것을 팬들에게 직접 전달함으로써 팬과 성공적으로 소통할 수 있었다. 이것을 또다시 재연할 수는 없을까?

린 메릿과 멘딜슨도 비행기에 타고 있었다. 정치적 배경을 가진 멘딜슨에게는 메시지를 만들고 그것을 대중에게 전달하는 일이 일상적이었다. 르브론의 편지는 어떤 면에서 보면 플랫폼에서 발표하는 정치적 연설과 같았다. 홍보 회사의 파트너이며 미디어 트렌드와 방향을 예리하게 알고 있던 멘딜슨은 젊은 소비자들을 위해 전통적인 방식보다 디지털 미디어를 사용해야 한다는 것을 잘 알고 있었다. 그래서 ESPN 텔레비전과 같은 전통적인 매체 대신 『스포츠 일러스트레이티드』의 웹 사이트라는 디지털 매체를 통해 발표하기를 원했던 것이다.

그의 에세이 중에 다음과 같은 글이 적혀 있었다.

〈제가 이 글을 작성하는 이유는 어떠한 방해 없이 저 자신을

설명할 기회를 얻기 위해서입니다.〉

그것이 기본적인 개념이었다. 언론에 의해 편집되거나 SNS
에 의해 글자 수 제한을 받지 않고 그대로 보여 주었다. 그날 비
행기 안에서 그들은 르브론이 지금 막 해낸 것을 다른 운동선수
들도 할 수 있도록 디지털 미디어 플랫폼을 만들자는 계획을 세
웠다. 공유할 메시지를 어떠한 방해도 없이 소셜 미디어에 쉽게
전달하는 것이었다. 만약 선수들의 이야기를 다른 브랜드나 후
원을 받아 수익을 창출할 수 있다면 더 좋을 것이다. 그들은 이
름을 언인터럽티드로 결정했다.

이런 유사한 아이디어를 그들만 가지고 있었던 것은 아니다.
언인터럽티드가 만들어질 무렵 데릭 지터[49]와 그의 에이전시 엑
셀 스포츠 매니지먼트도 비슷한 의도로 플랫폼을 개발 중이었
다. 지터는 화려한 경력 후에 2014년 가을 뉴욕 양키스를 은퇴
하고 일주일도 지나지 않아 〈플레이어스 트리뷴〉이라는 웹 사
이트를 발표했다. 이 사이트에는 르브론이 『스포츠 일러스트레
이티드』에서 한 것처럼 선수들이 개인적 글을 게재할 수 있
었다.

글을 올려 줄 세계 최고 운동선수들이 이미 엑셀에 소속되어
있었고, 발표 후 18개월 동안 코비 브라이언트의 투자를 포함해
일부 운동선수와 투자자들로부터 1천8백만 달러를 유치할 수
있었다.

---

49 미국 야구 메이저 리그 뉴욕 양키스 팀에서 20년간 뛴 유명 선수. 이전에 가
수 머라이어 케리와 사귄 것으로도 유명하다.

언인터럽티드는 전성기를 맞고 있는 르브론의 이름을 내세우며 카터와 멘덜슨의 비전을 가지고 이 아이디어를 육성하는데 힘썼다. 그리고 그들에게는 매우 소중한 연결고리가 있었다. 물론, 또다시 와처다.

그가 연결해 준 것들과 다양한 역할 외에도 와처는 2010년부터 타임 워너 이사회 이사로 있었다. 세계에서 가장 큰 미디어 회사 중 하나인 이 회사는 워너 브라더스, 터너 스포츠, HBO, 그리고 블리처 리포트 등 다양한 미디어 브랜드를 가지고 있었다. 르브론의 스프링힐과 언인터럽티드 벤처는 점점 성장했다. 그러나 와처가 타임 워너 자회사들과 관계를 형성할 수 있도록 도와줘, 이들의 인맥과 투자를 바탕으로 성장했다고 해도 과언이 아니었다.

카터는 많은 유명 선수를 모집하고 계약하면서 그들에게 회사의 지분을 나누어 주고 영상을 만들도록 했다. 그중 초기 멤버들은 뉴잉글랜드 패트리어츠[50]의 로버트 그론카우스키, 골든 스테이트 워리어스의 드레이먼드 그린, 그리고 UFC[51]의 론다 루지로 구성되었다. 그들의 영상은 터너 스포츠와 협상을 통해 블리처 리포트에 올랐다. 첫 번째 야심 찬 프로젝트는 르브론과 그린이 2015년 NBA 결승전에서 맞붙으면서 함께 만든 다큐멘터리 시리즈였다.

---

50 NFL 미식축구 팀.

51 세계 1위 종합 격투기 단체.

이 모든 것이 펼쳐지고 있을 때, 르브론의 세 번째 계획은 연기였다. 그는 이전에 몇몇 광고에 출연했으며 캐릭터들의 목소리를 내는 성우 역할을 하기도 했다. 그리고 몇 년 전에는「SNL」공연에 출연한 적도 있었다.

르브론이 처음으로 비중 있는 역할을 맡은 영화는 2014년에 촬영한 코미디「나를 미치게 하는 여자」였다. 코미디언 에이미 슈머가 영화 대본에 르브론이라고 쓴 이유는 그녀가 아는 제일 유명한 농구 선수였기 때문이지, 르브론이 실제로 그 역할을 맡을 거라고 기대해서가 아니었다. 하지만「SNL」에서 르브론과 함께 일한 경험이 있는 배우 빌 헤이더가 주연으로 캐스팅되면서 가능성이 보였다. 헤이더와 감독인 저드 애퍼타우는 르브론에게 점심을 사면서 대본을 보여 주었다.

르브론과 카터는 처음에 그리 좋아하지 않았다. 대본에는 르브론이 무릎 수술을 해서 의사인 헤이더를 알게 된 것으로 되어 있었는데, 카터는 영화에서 르브론이 부상당한 운동선수로 묘사되는 것을 원치 않았다. 애퍼타우와 슈머는 르브론을 헤이더의 절친으로 대본을 수정했다. 반면, 무릎 수술 경험이 여러 번 있는 아마레 스터드마이어는 부상당한 운동선수로 출연하는 것에 거리낌이 없었다.

르브론은 아직 영화배우로서 경험이 없었고, 그가 조연으로 출연하는 영화가 흥행할 거라는 보장도 없었다. 애퍼타우가 그 역을 기꺼이 환자복을 입어 줄 다른 농구 선수로 변경할 수도 있었다. 하지만 카터와 르브론은 이미 거절의 힘을 알고 있었고, 애퍼타우와 슈머, 헤이더는 르브론과 함께 일하고 싶었기 때문에 영화의 많은 장면을 르브론에게 맞도록 변경했다. 그리고 슈머와 헤이더는 르브론이 기억에 남을 대사를 칠 수 있도록 도와주었다.

마침내 르브론은 영화에 출연하기로 결정했고, 2014년 여름 캐브스와 계약을 체결한 직후 촬영을 위해 뉴욕에 일주일간 머물렀다. 영화 제작진은 르브론이 마지막 순서로 촬영할 수 있도록 촬영 스케줄을 조율했다. 다시 한번 강조하지만, 매우 유명한 농구 선수이기 때문에 가능한 것들이었다. 까다롭게 원하는 바를 요구하고 협상하면 그들이 원하는 것을 얻어 낼 수 있었다. 어느 순간부터 르브론과 카터는 이러한 교훈을 배웠다. 항상 그런 것은 아니었지만 대부분 가능했다.

2015년에 영화가 개봉되자, 르브론은 그 역할로 비평가들과 관객들에게서 찬사를 받았다. 애퍼타우와 슈머는 영화에서 그의 분량을 적절하게 노출시켰고, 진부하거나 도를 넘지 않는 선에서 농구에 대한 조크도 했다. 결론적으로 르브론에게는 영화 연기에 입문하는 데 분량이 너무 과하거나 적지도 않은 적당한 수준이었다. 이것은 그에게 향후 어마어마한 기회를 안겨 주었다.

단연 르브론이 연기에 뛰어든 최초의 운동선수는 아니었다. 짐 브라운[52]에서 월트 체임벌린,[53] 그리고 샤킬 오닐까지, 앞서

52 전직 미식축구 NFL 선수이자 배우.
53 1960~1970년대 뛰었던 NBA 선수. 한 경기에서 100점을 넣고 한 시즌에 경

많은 선수가 연기를 했지만 르브론처럼 제작자로서 역할까지 한 적은 없었다. 와처와 카터 덕분에 그는 다른 선수들에 비해 더 큰 꿈을 이룰 수 있었다.

언인터럽티드의 첫 번째 영상을 블리처 리포트에 올린 것은 타임 워너와의 계약에서 에피타이저에 불과했다. 2015년 여름 영화 「나를 미치게 하는 여자」 개봉을 앞두고 카터는 또 다른 중요한 거래를 마무리 지었다. 이전 나이키와의 거래가 혁신적이었고, FSG와의 거래가 창의적이었다면, 이번 거래는 광범위했다. 르브론과 카터는 워너 브라더스와 멀티 플랫폼 계약을 체결함으로써 회사의 모든 플랫폼을 사용해 콘텐츠를 제작할 수 있게 되었다.

이 협정의 일환으로 워너 브라더스는 카터가 제작을 돕기 위해 직원을 고용할 수 있도록 스프링힐의 개발 비용을 일부 지원해 주기로 했다. 워너 브라더스는 이전에 「길모어 걸스」라는 텔레비전 쇼 촬영 장소였던 워너 빌리지의 한 부분을 르브론과 카터가 사용할 수 있게 해주었고, 대신에 스프링힐이 제작하는 모든 디지털 콘텐츠를 영화나 텔레비전 쇼로 만들 수 있는 권리를 얻었다. 이런 모든 것을 포함시킨 계약 거래는 할리우드의 거물인 클린트 이스트우드, J. J. 에이브럼스, 그리고 벤 애플렉이 영화사와 맺는 거래 방식이었다. 하지만 스프링힐은 텔레비전이나 디지털 콘텐츠까지 만들기 때문에 더 광범위한 지원을 받을

기당 50점 이상을 넣는 등 NBA에서 많은 기록을 보유하고 있다.

수 있었다.

몇 달 후 거래 수준이 또 한 번 업그레이드되었다. 인력 및 프로젝트를 확장할 수 있도록 터너 스포츠와 워너 브라더스가 언인터럽티드에 1천580만 달러를 투자하기로 한 것이다. 타임 워너는 카터가 르브론을 기반으로 조언자 멘덜슨과 협상가 와처와 함께 구축한 본격적인 콘텐츠 작업에 깊이 투자하게 된 것인데, 상당히 빠른 확장이었다. 이런 종류의 거래는 10년 전 르브론과 카터가 농구 외 비즈니스 사업을 직접 도맡아 운영하기로 결정할 때 꿈에서나 가능한 것들이었다.

카터는 터너 스포츠를 운영하던 데이비드 레비, 워너 브라더스의 텔레비전 사업 부문 담당 제이 레빈, 그리고 HBO 담당 리처드 플레플러 등 타임 워너 임원들과 친해지려고 노력했다. 그들도 카터를 좋아하는 것 같았다. 그리고 그들은 확실히 르브론과 사업을 같이하고 싶어 했다. 특히 많은 영화계 경영진은 10년 이상 기다리던 영화 「스페이스 잼 2」에 르브론을 주연으로 출연시키고 싶어 했다. 이 영화 역시 워너 브라더스가 소유하고 있었다.

2012년부터 사람들은 1996년에 개봉한 마이클 조던 주연의 「스페이스 잼」에서 조던 역을 르브론이 다시 맡도록 여러 번 시도했다. 2014년에는 한 영화사 임원이 어떻게 하면 르브론에게 접근해 그가 원하는 프로젝트를 만들 수 있는지 물어보기 위해 내게 직접 연락해 왔다. 제작진은 영화 개봉 30주년이 되는 2016년에 출시하기를 원했지만 이루어지지 않았고, 르브론이

「나를 미치게 하는 여자」에서 성공했을 때도 이루어지지 않았다. 카터와 르브론은 「스페이스 잼 2」에 대한 제안을 듣고 대본을 읽으며 아이디어에 대해 수년간 연구했다. 만약 이 프로젝트가 흥행만 한다면 영화사는 수억 달러를 벌어들일 수 있기 때문에, 그들은 르브론 사업에 투자할 가치가 있다고 보았다.

2003년 리복과의 계약을 논하기 위해 자리에 앉았을 때부터, 2014년 애퍼타우와의 미팅까지, 르브론과 카터는 계약에 서명하기 위해서는 금전적인 것 이상의 〈큰 그림을 생각하라〉는 모토를 가지고 진행했다. 그리고 와처의 중요한 도움을 받으며 그들은 많은 것을 현실화했다.

물론 「나를 미치게 하는 여자」 이후 바로 「스페이스 잼 2」 출연에 동의할 수도 있었다. 그러면 좋은 반응을 얻고, 출연료도 많이 받을 것이었다. 하지만 (출연을 지연시키면서) 자신들의 미디어 사업을 수년간 성공적으로 이끌도록 워너 브라더스의 다양한 도움을 계속해서 받을 수 있는데, 굳이 바로 영화를 찍을 이유가 있을까? 마침내 2018년, 워너 브라더스와 더 많은 혜택으로 재계약한 후, 르브론과 카터는 「스페이스 잼 2」의 대본, 제작 및 감독에 동의했고, 2019년에 촬영을 시작하기로 했다. 카터와 르브론은 이 영화의 총괄 제작을 맡았다.

그동안 워너 브라더스와 HBO는 스프링힐이 제작한 12개 이상의 텔레비전 및 디지털 콘텐츠를 승인해 주었다. 리버풀 FC는 챔피언스 리그 결승에 올라 다른 매체들과 새로운 계약을 체결하면서 연간 매출이 4억 달러 이상 되었고, 수익만 5천만 달러가 넘었다. 한편 블레이즈 피자는 2019년 말까지 5백 개 이상 지점 확장을 목표로 삼고 있었다.

나이트클럽 파티에서 50달러 입장료를 판매하던 시절부터 참 길고 긴 여정이었다.

「저는 결정을 내릴 때 무조건 돈을 제일 많이 벌 수 있는 것만 선택하지는 않습니다. 건설적인 것을 생각하죠. 그것이 우리가 지금까지 해온 것입니다. 건설적인 것!」 르브론은 말했다.

11
약속합니다

　2006년 6월 말, 눈부시게 화창한 날이었다. 클리블랜드 캐브스 팀 동료 몇 명과 아이들 사이에서 자전거 페달을 밟으며 고향 거리를 달리는 르브론 제임스의 모습이 보였다. 아이들은 모두 〈어린이 자전거 마라톤을 위한 킹〉에 참가한다는 내용의 티셔츠를 입고 있었다. 이 행사로 참가자 한 명당 1백 달러 이상의 자선기금을 모을 수 있었다.

　부모들은 줄과 바리케이드 뒤에 서서 사진을 찍었다. 경찰은 자전거를 타는 이들이 애크런 시내에서 바람을 가르며 끝까지 완주할 수 있도록 도시 전역의 교통을 봉쇄했다. 이벤트의 목적은 기부금을 모으며 아이들에게 운동의 중요성을 상기시키고 자전거가 없는 아이들에게 자전거를 기부하는 것이었다. 마이크로소프트가 온라인으로 실시간 생중계했다. 정말 멋진 이벤트였다.

　자선 사업의 유일한 후원자인 르브론의 재단만 손해를 봤고, 작년에도 적자를 냈다. 자전거 마라톤은 시의 재정에도 많은 부담이 되었다. 경찰들의 초과 근무와 봉사자들의 비용까지 지불해야 했기 때문이다. 참여하는 아이들과 그들 가족에게는 잊지 못할 이벤트였지만 사업적 측면에서는 남는 게 없었다.

NBA 초기 시절 르브론은 혹독한 스케줄에 적응하며 경기하는 법을 배워야 했다. 그는 빡빡한 경기 일정 속에서 몸의 회복을 위해 치료와 휴식을 위한 루틴을 찾아야 했다. 사업적으로는 누구와 일하고 싶은지, 어떤 지원 시스템을 구축해야 하는지뿐만 아니라 어떤 자선 사업가가 될지도 알아가야 했다.

처음부터 르브론은 그의 고향인 애크런에서 아이들을 위한 자선 활동을 하고 싶어 했다. 그는 종종 어른보다 아이들과 더 동질감을 느끼는 자신을 발견했다. 어른들은 그에게서 무엇인가를 원하고 그를 착취하거나 이익을 얻으려 했다. 그러나 그는 아이들에게서 평화로움과 순수함을 찾았다. NBA 첫 시즌에는 그의 재단에서 함께 일하는 몇몇 아이들과의 나이 차이가 다른 NBA 선수들보다 더 적은 경우도 있었다. 그는 어렸을 적에 겪었던 가난과 수차례 이사했던 어려움 등을 기억하고 있었다.

2004년에 그는 르브론 제임스 가족 재단을 설립해 바로 행동에 들어갔다. 선수들이 운영하는 재단은 지속적으로 어려움을 겪는데, 특히 초기 단계에서 더욱 그렇다. 예를 들어, 일간지 『보스턴 글로브』에 따르면 야구 선수 알렉스 로드리게스 재단은 설립 첫해에 재단 수익금의 1퍼센트만 자선 단체에 기부한 것으로 밝혀져 나중에 세금 면제 자격을 박탈당했다. 대부분의 스포츠 선수들은 좋은 의도로 시작하지만 꾸준히 이어나가기에 너무 바빴고 재단의 인력이 대체로 부족하거나 사기꾼들의 희생양이 되곤 한다.

르브론 재단은 첫 3년간 적자를 기록했다. 매우 긍정적인 영향을 주었던 연례 행사 〈자전거 마라톤〉이 주범이었다. 그런 큰 행사를 후원 없이 진행하다 보니 모금액보다 지출 비용이 더 컸다. 2년 후, 행사는 중단되었고(나중에 다른 형태로 돌아왔다) 르브론은 재단 운영 직원을 교체했다. 재단에서 일하던 지원자 중 한 명이 재단의 이름이 들어간 공문을 사용해 워터파크에서 행사를 꾀했다가 결국 1만 3천 달러의 비용이 발생하기도 했다. 재단의 목적은 르브론이 단순히 기부하는 것뿐만 아니라 파트너와 주변 사람들을 참여시켜 기부를 늘리는 것이었다. 하지만 그것은 꽤 복잡한 미션이었고, 초기에는 뜻을 이루지 못했다. 2007년에 재단 직원을 모두 교체했으나, 결국 2009년에 교체된 직원들조차 모두 정리한 뒤 기금 운영을 외주 업체에 맡겼다.

르브론의 광고 계약 중에는 기부금에 대한 조항이 있었고, 그가 원하는 대의를 위해 자금을 사용할 수 있도록 해주었다. 스프라이트와 스테이트 팜은 지역 문화 센터를 르브론의 이름으로 재건했고, 기부금 일부를 고향에 있는 자선 단체에 기부하도록 했다. 그는 매년 올스타 주말에는 주로 농구 코트나 어린이 학습 센터 리모델링 일을 도와주었고, 운영비를 충당하기 위해 개인 돈을 자선 단체에 기부하기도 했다. 그의 재단은 비록 효율적으로 운영되지는 않았으나, 여전히 상당한 금액을 기부했다. 하지만 재단은 큰 관심을 받지 못했고, 영향력도 크게 발휘하지 못했다.

2011년에 제출된 연방 세금 정산에 따르면 르브론 제임스 가족 재단은 다양한 자선 단체에 총 8만 9천 달러를 기부했다. 물론 적은 돈은 아니지만 그렇다고 르브론이 하는 모든 자선 활동을 보여 주는 금액이라고 볼 수는 없었다. 1년 전 그는 〈더 디시전〉 덕분에 3백만 달러 이상을 자선 단체, 거의 대부분 소년 소녀 클럽에 기부했고, 그의 광고 계약에 의해 진행된 자선 사업도 있었다. 하지만 선수 생활을 한 지 8년이 지나고, 그가 선수로서 또는 사업가로서 벌어들인 금액과 그의 영향력을 고려한다면 그는 재단 운영에 큰 관심을 보이는 것 같지 않았다.

그러던 중 2011년 르브론의 생각을 완전히 바꾸어 놓는 일이 생겼다. 그의 파트너 중 하나인 스테이트 팜은 소외되고 경제적으로 어려운 지역에서 학교를 중퇴하는 아이들이 증가하는 것을 방지하기 위한 전국적인 프로그램을 시작했다. 프로그램의 이름은 〈26초〉였다. 미국에서 26초마다 아이 한 명이 학교를 중퇴한다는 연구 결과에 따른 것이었다. 그 이야기를 들었을 때 르브론은 믿을 수가 없었다.

「놀라운 통계예요. 누구도 상상할 수 없는 숫자이고, 제가 참여하는 것이 너무나 당연한 것 같았어요. 저도 그 통계의 한 명이 될 수 있었거든요.」 르브론이 말했다.

그가 이전에 살았던 곳도 그 통계에 포함되어 있었다. 4학년 때 그는 불안정한 집안 사정 때문에 80일 이상 학교를 결석했었다. 그의 어머니는 가족을 한곳에 정착시킬 여력이 없었고, 자신의 문제조차 해결하지 못하고 있었다. 5학년 때 워커라는 가족이 그를 입양한 적이 있는데, 그때 그의 인생이 바뀌었다. 안정감, 규칙적 일상, 책임감을 일상생활에서 배우면서 그는 5학년 때 처음 개근했다. 그는 학교 생활에 관심을 가지며 모범적인 학생이 되었다. 르브론은 어느 순간 자신의 자원과 인맥을 어떻게 사용해야 할지 깨달았다. 바로 자신과 비슷한 위험에 처한 아이들의 삶에 직접 다가가는 것이었다.

그가 자신의 삶을 어느 정도 되돌아보고 있던 나름 흥미로운 시기에 이런 자선 사업에 대한 생각이 번뜩 들었다. 마이애미에 합류한 지 2년 차 되던 해였는데, 그의 프리 에이전트 결정에 대한 주위 사람들의 강한 반감이 마음의 문을 닫게 했다. 자신을 둘러싼 비판에 너무 지쳐 어떤 면에서는 자기 자신을 무너뜨렸다 해도 과언이 아니었다. 특히 NBA 결승에서 패배한 후 며칠 동안 혼자 지내며, 왜 자신이 이렇게 힘들어하고 왜 좋은 경기를 펼칠 수 없었는지(그의 결승전 실력은 수준 이하였고, 히트가 패배한 이유는 르브론 때문임이 명확했으며, 그것은 익숙하지 않은 상황이었다) 숙고했다. 그리고 마침내 외부의 의견에 너무 예민해져 있다는 것을 깨달았다. 그는 사람들이 어떻게 생각하는지, 그들이 트위터에 어떤 글을 올리고 텔레비전에서 무슨 말을 하는지 걱정이 너무 많았다.

2011-2012 시즌을 위해 복귀했을 때, 그는 새로운 인생관을 갖게 되었다. 마이애미에서의 첫 번째 시즌에는 그의 여자 친구와 두 아들이 그와 합류하지 않고 애크런에 머물렀다. 그는 그들

을 가끔 보기는 했지만 예전만큼 자주 보지 못했다. 새로운 시즌이 시작될 무렵 그는 가족이 다시 합쳐질 수 있도록 여자 친구에게 마이애미로 이사할 의향이 있는지 물었다. 그녀는 동의했지만, 두 가지 조건이 있었다. 첫 번째는 르브론이 그녀에게 헌신하는 것이었고, 두 번째는 두 아들이 그들의 조부모를 자주 만날 수 있도록 그녀의 부모님도 함께 오는 것이었다. 2011년 새해 전날, 르브론은 한쪽 무릎을 꿇고 서배너 브린슨에게 프러포즈했고, 그녀의 부모님까지 그의 집으로 이사했다.

이듬해 3월, 르브론은 또 다른 중대한 결정을 내렸다. 그는 팀 동료들과 함께 후드를 눌러쓴 채 사진을 찍었다. 그것은 후드를 쓰고 있었다는 이유로 플로리다에서 경찰의 총에 맞아 죽은 청소년 트레이번 마틴의 죽음에 대한 항의였다. 르브론과 드웨인 웨이드는 다른 동료들도 항의 포즈에 동참하도록 설득했다. 그들이 당시 미국에서 제일 유명한 스포츠 팀이었기 때문에 강한 인상을 줄 수 있다고 판단했던 것이다. 그것은 매우 뜨거운 정치적 사회 이슈였다. 인종, 계급, 그리고 헌법을 다루는 이슈였다. 마틴을 죽인 조지 지머먼은 정당방위라고 주장했다. 사람들이 인지할 수 있도록 르브론은 자신의 SNS을 통해 사진을 공유했다. 한 달 전쯤 사망한 마틴의 소식이 퍼지기 시작했지만 주류 뉴스까지는 닿지 않은 상황이었다. 르브론과 히트 팀은 소식이 전국적 뉴스가 될 수 있도록 했다.

과거에는 일부 팬들을 불쾌하게 만들 수 있어 운동선수가 정치적 발언을 기피하는 경향이 있었다. 르브론이 2008년 대선 때

버락 오바마를 지지하기는 했지만, 대다수 NBA 선수가 민주당을 지지하는 경향이 있어 민주당 후보를 지지하는 행동은 그렇게 많은 위험을 감수하지 않아도 되었다. 사실 NBA 로커 룸에서는 공화당을 지지하는 것이 훨씬 더 심한 갈등을 유발하는 경우가 많았다.

하지만 르브론 또한 2007년에 민감한 정치 이슈를 피하기 위해 사이드라인에 머무른 적이 있었다. 당시 캐브스 팀 동료였던 이라 뉴블은 다르푸르에서 벌어진 집단 학살에도 불구하고 수단 정부를 지지하는 중국을 규탄하는 서한을 작성하고 있었다. NBA 결승전을 앞두고 있어 뉴블은 이런 상황적 이점을 활용하고 싶었던 것이다.

뉴블은 NBA 결승전이 이 특별한 인도주의적 싸움을 위한 중요한 시간과 장소라고 느꼈다. 다가오는 베이징 올림픽 때문에 중국이 세계 무대에서 다소 압박을 느끼고 있었기 때문이다. 하지만 나이키와 함께 중국에서 큰 사업을 하고 있던 르브론으로선 중국 정부를 비판하는 행동이 사업에 큰 타격을 입힐 수도 있어 쉬운 상황이 아니었다.

결국, 르브론은 캐브스 팀원 중 유일하게 서한에 서명하지 않았다. 그는 서명을 결정하기 전에 충분한 정보를 수집하고 주제에 대한 조사가 필요하다고 말했다. 아마 그것이 책임감 있는 대답이었을지도 모른다. 하지만 그것을 회피로 보는 사람들이 있었고, 정치 관련 언론으로부터 비판을 받았는데, 르브론은 그들의 비판이 익숙하지 않았다.

그 선택은 선수 생활 동안 정치적 이슈를 꺼려했던 마이클 조던을 연상케 했다. 1988년에 조던은 고향인 노스캐롤라이나주에서 열린 주 전체 경선에서 민주당 후보를 지지하는 것을 거부했다. 그는 〈공화당도 운동화를 산다〉라는 이유로 정치인 후원을 하지 않은 것으로 알려졌다. 조던이 정말로 그런 말을 했는지는 불분명하지만,[54] 중립적 입장을 보인 것은 확실했다. 그는 소비자 중 많은 사람이 꺼려하는 정치적 입장을 보여 줄 의향이 없었다. 조던이 억만장자가 될 수 있었던 이유는 그의 대중적인 시장성과 은퇴 후에도 수십 년 동안 신발이 계속 팔리고 있기 때문이었다. 그가 비즈니스를 위해 정치에 발을 담그지 않은 것이라면 꽤 효과적인 선택이었다.

2012년 트레이번 마틴 사건을 계기로 르브론은 정치적 이슈를 다루는 일에서 더 이상 사이드라인에 머무르지 않았다.

「성장의 징후 같았어요. 그 사건이 제가 사회적 문제에 대해 논의하고 싶었던 계기였는지는 기억나지 않아요. 하지만 논의하고 싶은 이슈라면 저는 먼저 충분히 알아야 합니다. 사회적 문제를 이야기하려면 자신 있을 만큼 충분히 인지하고 있어야 한다고 생각해요.」 그는 몇 년 후 인터뷰에서 말했다.

르브론이 그 지점에 이른 것이다. 르브론은 언론의 필터 없이 자신의 목소리와 SNS를 통해 정치적 이슈에 대해 언급하기 시작했다. 에릭 가너, 올턴 스틸링, 필란도 카스틸, 그리고 타미르

---

54 이후 「마이클 조던: 더 라스트 댄스」라는 농구 다큐멘터리에서 조던은 자신이 농담으로 한 말이라고 설명했다.

라이스 등 경찰의 총살에 대한 이슈들, 인종 차별주의자였던 LA 클리퍼스의 구단주 도널드 스털링, 결국 도널드 트럼프 대통령까지, 그는 그 외 다른 이슈에 대해서도 의견을 소신껏 말했다. 그의 신발 판매량은 조던을 따라온 적이 없었고 아마 앞으로도 절대 그럴 수 없을 것이다. 하지만 그의 정치적 영향력은 이미 조던을 훨씬 능가했다.

그는 깨달은 바가 있어 재단 운영 방식을 완전히 바꿨다. 2006년 초기 LRMR에서 같이 일했던 직원 중 한 명이자 그가 신뢰할 수 있는 미셸 캠벨을 재단 책임자로 임명했다. 중퇴율 줄이기를 목표로 일하라는 가이드라인과 함께 캠벨은 교육자들과 협력해 애크런에서 발생하는 근본적인 원인을 찾기 위해 노력했다. 캠벨은 교육학 박사 학위를 가지고 있었고 이 분야에 대해 잘 알고 있어 이 업무에 적임자였다. 또한 르브론이 신뢰하는 몇 안 되는 사람 중 한 명이었기 때문에 그녀는 르브론에게 자기 생각을 제시하고 실행에 옮길 힘이 있었다.

르브론이 〈더 디시전〉 이전에 6개의 팀과 프리 에이전트 미팅을 한 장소로 유명한 그의 LRMR 사무실은 원래 클리블랜드에 있었는데, 직원들이 애크런시와 더 유대감을 형성할 수 있도록 애크런으로 옮겼다. 그리고 애크런의 공립 학교와 더 깊은 파트너십을 형성해, 향후 몇 년간 매우 중요한 관계로 성장했다. 르브론은 지난 수년간 아이들을 위해 지원해 왔다. 그때는 학용품 또는 책가방을 나눠 주거나 행사를 후원하는 등 표면적인 수준에 불과했다면 이번에는 완전히 다른 차원의 지원이었다.

애크런의 고등학교 중퇴율은 26퍼센트로 오하이오주에서 가장 높은 수준이었다. 재단은 문제의 시발점이 고등학교가 아니었음을, 초등학교 3학년 때부터 아이가 국어나 수학 학습에 뒤처지면서 결국 고등학교를 졸업하는 확률이 급격히 떨어졌음을 알게 되었다. 캠벨은 이 부분을 재단이 나서서 집중적으로 도와주어야 한다고 믿었다.

캠벨의 주도와 학교의 가이드 아래 재단은 프로그램을 만들었다. 그 프로그램은 학교가 선별한 도움이 가장 필요한 3학년 어린이 2백 명부터 시작했다. 그리고 계획은 다음 해 또 다른 3학년의 새로운 반을 구성해 이전에 선별된 학생들과 같이 추적 조사해 나가는 것이었다.

재단은 이 학생들에게 특별한 관심을 기울이기 위해 필요한 자금을 후원했고, 학생들은 추가 지침을 받는 등 수시로 관심과 지원을 받았다. 이 아이들에게 상처가 나거나 금이 간 부분이 있다면 초기에 메워 주는 역할을 하는 것이 이 프로그램의 목적이었다. 자전거 타는 것으로 시작한 자선 사업이 학교의 프로그램을 도와주게 되면서 초기에는 프로그램의 이름을 〈교육의 바퀴Wheels for Education〉라고 불렀다.

나중에 이 프로그램의 이름은 〈약속합니다I Promise〉로 변경되었다. 르브론의 중요한 역할 중 하나는 아이들에게 동기를 부여하는 것이었다. 그가 매일 그곳에 있을 수 없었기 때문에 그의 존재를 느낄 수 있는 시스템을 고안했다. 그중 하나는 프로그램에 참여하는 아이들이 선언문을 암송하도록 권유하는 것이었다.

선언문은 다음과 같았다.

나는 학교에 가고, 모든 숙제를 하고, 선생님 말씀을 잘 들을 것을 약속합니다. 왜냐하면 그것들이 제가 배울 수 있도록 도와줄 테니까요.

질문하고 답을 찾을 것, 그리고 어떤 일이 있어도 절대 포기하지 않을 것을 약속합니다.

항상 최선을 다할 것, 남을 돕고 존중할 것, 올바른 식습관과 활동적인 생활로 건강한 삶을 살 것을 약속합니다.

나 자신을 위해 좋은 선택을 할 것, 재미있게 놀 것.

그리고 무엇보다 도중에 학교를 포기하지 않을 것을 약속합니다!

르브론도 그들에게 약속했는데, 그 약속은 다음과 같았다.

나는 내가 어디서 시작했는지 절대 잊지 않을 것을 약속합니다.

메시지를 상기시키기 위해 르브론은 〈약속합니다〉라고 적혀 있는 고무 팔찌를 모든 경기에 착용했다. 텔레비전에서 그가 팔찌를 차고 있는 것을 볼 때 유대감을 형성할 수 있도록 아이들에게도 같은 팔찌를 제공했다. 유대감 형성을 위해 재단은 많은 학교에 르브론의 선언문이 적혀 있는 르브론의 등신대를 배치하기도 했다. 경우에 따라서는 격려하기 위해 르브론이 직접 녹음한 메시지를 아이들에게 전달하기도 했다.

2011년에 8만 9천 달러를 기부한 뒤, 르브론은 재단에 훨씬 많은 자금을 쏟아부었다. 2012년에는 75만 달러 이상을 기부했고, 2013년에는 추가 후원자가 생겨 전해 기부 금액의 두 배인 150만 달러를 기부할 수 있었다. 또한 그는 자기 고등학교 체육관을 리모델링할 수 있도록 3년간 1백만 달러를 기부할 것을 약속했다. 2016년부터 그의 재단은 연간 350만 달러 이상을 기부했다.

캠벨이 도맡은 이후 재단은 더욱 일에 집중할 수 있었다. 르브론의 열정 또한 성장의 원동력이었고 그가 거대한 규모의 계약을 맺은 것도 중요한 이유 중 하나였다. 2010년에 체결한 마이애미 히트와의 1억 달러 연봉 계약 외에도 그에게 연간 2천만 달러 이상의 수익을 준 나이키와의 두 번째 거래, 그리고 비츠와의 뜻밖의 횡재 등이 있었다. 그는 그 어느 때보다 부유했고, 그의 지역에 기부금을 늘림으로써 자신의 부를 나누었다.

하지만 재단을 한 단계 더 발전시킬 수 있었던 것은 르브론이 자신의 비즈니스 거래에서 배운 것들을 재단에 적용하기 시작하면서부터다. 단순히 거래하는 것과 자신의 명성을 활용하는 것에는 많은 차이가 있다. 만약 다른 기업들이 르브론과 같이 일하고 싶은 간절한 마음에 자신들의 지분을 주거나 그를 위해 영화까지 만들어 줄 의향이 있다면, 이런 간절한 마음을 자선 사업에 사용할 수 있지 않을까? 민간 기업만 르브론과 같이 일하고 싶어 한 것이 아니었다.

이런 생각이 결국 재단의 업무 범위를 크게 바꾼 것은 물론 전국적으로 사람들이 르브론에 대한 생각을 바꾸게 한 두 가지 프로젝트로 이어졌다. 2015년에 재단은 애크런시 중심에 있는 애크런 대학교와 역사적 거래를 체결했다. 캠벨이 대학교에서 13년간 일하며 끈끈한 연줄이 있었던 것이 거래를 체결하는 데 도움이 되었을 것이다. 한편으로 학교 총장이 스캔들로 인해 곤경에 처한 점(그는 취임한 지 2년 후 사임했다)도 도움이 되었을 것이다. 하지만 무엇보다 기획 자체가 너무나 대단한 일이었기에 양 당사자는 어떻게든 실현 방법을 찾아야만 했을 것이다.

그때쯤 〈약속합니다〉 프로그램에는 1천1백 명 이상의 아이가 참여하고 있었다. 처음에 선발된 초등학교 3학년생들은 이제 고등학교에 들어가기 시작했다. 그리고 매년 더 많은 초등학교 3학년 학생이 들어올 것이었다. 르브론은 그들이 고등학교를 졸업한 뒤에 해줄 수 있는 것에 대해 생각했다. 프로그램의 기본 미션은 고등학교 중퇴를 막는 것이었지만, 점점 더 큰 목표가 생겼다.

재단과 대학교의 거래는 다음과 같았다. 만약 프로그램 학생들이 어느 기준의 성적과 시험 점수를 받으면, 애크런 대학교는 그들에게 4년간 전액 장학금을 제공한다. 그것은 첫 번째로 프로그램에 참여한 3학년 학생들이 2021년부터 대학에 가게 되면서 그 후 매년 최대 2백 명의 학생이 공짜로 학교에 다닐 수 있게 해주는 것이었다.

여기서 르브론의 역할은 학교의 기금 마련과 홍보 업무를 도와주는 것이었다. 한편 애크런 대학교는 학생들 중 일부가 교사가 되어 고향으로 돌아가 또 다른 좋은 영향력을 발휘하기를 바랐다. 그래서 교육학과 이름에 재단의 프로그램 이름을 넣기로 했다. 미국의 대학에서는 캠퍼스 빌딩에 학교에 업적을 남기거나 많은 돈을 기부한 사람의 이름을 넣듯 학과에도 사람 이름이나 재단의 명칭을 함께 사용하는 경우가 있다. 학교 빌딩에도 르브론의 이름이 새겨졌다. 이것은 학교 입장에서도 가치 있는 일이었고 재단에도 매우 의미 있는 일이었다.

시작할 당시 목표는 더 많은 학생이 고등학교에 진학해 건설적인 삶을 살 기회를 가지도록 도와주는 것이었는데 이제 그것은 상상 이상의 큰 아이디어가 되었고, 세대를 이어 변화를 이끌 큰 움직임이 되었다. 몇 년 전에는 상상도 할 수 없던 야심 차고 창의적인 아이디어였다. 그들은 이 프로그램을 지원해 줄 JP모건체이스라는 큰 후원자를 찾았으며, 르브론의 영원한 후원자인 나이키와 코카콜라도 지원에 나섰다.

2015년 여름 놀이공원에서 열린 〈약속합니다〉의 학생들을 위한 큰 행사에서 르브론은 애크런 대학교와의 거래를 발표했다. 당시 초등학교에 다니고 있던 아이들은 그 발표가 무슨 의미인지, 그들에게 어떤 가치가 있는 것인지 잘 이해하지 못하는 듯했지만, 그들의 부모는 알고 있었다.

프로젝트가 공개된 후, 르브론이 대학교 장학금을 직접 지원한다는 약간의 오해가 있었다. 일부 언론사에서 지원금을 계산한 뒤, 1천1백 명의 학생이 대학교를 졸업할 수 있도록 르브론이 직접 4천만 달러를 쓸 것이라고 보도했다. 덕분에 르브론은 기사들을 통해 좋은 이미지를 얻었다.

하지만 그건 사실이 아니었다. 물론 르브론은 장학금을 기부할 능력이 충분했지만, 파트너십을 활용함으로써 더 많은 아이가 수혜받을 수 있게 했다. 그는 그의 영향력을 이용해 금액을 몇 배 더 크게 만들었다. 그는 전국적으로 대학교보다 훨씬 더 큰 공로를 인정받았다. 〈더 디시전〉에서는 훨씬 더 많은 금액을 기부했는데도 무시당했지만, 이번에는 후원자와 함께해 본인의 실제 기부금이 적었음에도 불구하고 공로는 훨씬 더 인정받았다. 이런 것이 홍보 효과다. 물론 결론적으로 이룬 성과가 제일 중요하지만 말이다.

그 후 재단은 몇 가지 프로그램을 더 추가했다. 그중 하나는 프로그램에 참여하고 있는 아이들의 부모를 GED[55]에 합격할 수 있도록 도와주어 프로그램이 가족 전체에 긍정적 영향을 끼칠 수 있도록 하는 것이었다. 다른 하나는 스프라이트의 후원으로 이루어진 것인데, 학원을 만들어 고등학생들이 대학교에 입학한 후 좋은 성적을 낼 수 있도록 미리 준비시키는 프로그램이었다.

3년 동안 재단은 계속 성장하고 계획을 추진해 나갔다. 학교 시스템이 꿈꿔 온 형식의 후원이었고, 다른 도시나 자선가들의

55 고등학교 졸업 학력을 인정하는 자격시험으로 우리나라의 검정고시와 같다.

모델이 되어 그들이 따라 할 수 있도록 재단은 많은 노력을 기울였다.

애크런시의 공립 학교들과 파트너십을 확장시키며 2018년에 르브론은 또 하나의 큰 발걸음을 내디뎠다. 〈약속합니다〉학교를 설립한 것이다. 매 순간 프로그램을 실행할 수 있는 실제 초등학교로, 240명의 3학년과 4학년 학생들로 시작했다. 수요가 너무 많아 추첨제를 도입해 학생을 뽑았다.

재단으로부터 대규모 투자가 필요했다. 재단은 기존 학교를 리모델링하는 등 초기 투자로 2백만 달러가 필요했고, 매년 운영비로 2백만 달러를 지원하기로 약속했다. 이 돈은 직원을 채용하거나, 급식을 제공하고 프로그램을 지원하는 데 사용되었다. 수업 시간은 시의 다른 학교들보다 길었고 다른 학교들보다 학년 수가 많았다. 학교는 아침, 점심, 그리고 간식을 학생들에게 제공했고, 음식이 필요한 가족들에게 음식을 제공하는 곳도 별도로 마련했다. 자전거와 헬멧이 필요한 어린이들에게는 무료로 제공했다. 이 학교는 최종적으로 1학년부터 8학년까지 1천 명 정도 인원으로 확장될 예정이다.

르브론은 2018년 7월 학교를 개교하면서 이렇게 말했다. 「저나 제 가족, 그리고 재단뿐만 아니라 특히 아이들의 삶에서 매우 중요한 순간입니다. 애크런에 살면서 아이들과 같은 거리를 걸었던 시절을 기억해요. 저에게 왜 학교를 세우려 하냐고 묻는다면, 그 이유는 제가 이 아이들이 겪고 있는 일을 잘 알기 때문이에요. 그들이 꾸는 꿈을 알고 있고 그들의 악몽도 알고 있습니다. 제가 그들의 삶을 알고 있다는 것이 이 학교가 여기 있는 이유입니다.」

2016년 르브론이 클리블랜드의 52년간 우승 가뭄[56]을 깨고 고향 팀에 우승 트로피를 건네준 것은 농구 선수로서 그가 남긴 위대한 업적이었다. 그리고 이 학교가 자신이 한 개인으로서 남기는 업적이 되기를, 르브론은 바랐다.

그의 자선 활동은 학교 밖으로도 더욱 확장되었다. 2016년에는 재단을 통해 무하마드 알리의 생애와 작품 전시회를 열기 위해 워싱턴 D.C.에 있는 국립 흑인 역사 문화 박물관에 250만 달러를 기부했다. 르브론은 나이가 들면서 권투 선수이자 사회 운동가로서 이름을 남긴 알리에 대해 유대감을 느꼈다. 그의 기부는 알리 가족과 관계를 형성하는 데 도움이 되었고, 같은 해 그의 회사 스프링힐은 HBO와 계약을 맺어 알리에 대한 다큐멘터리를 제작하기도 했다.

권투 레전드에 대한 르브론의 관심은 그의 측근 중 한 명으로 꾸준히 남아 있던 나이키 경영진 린 메릿에 의해 고무되었다. 메릿은 나중에 르브론 제임스 가족 재단의 이사회 이사가 되었다. 그는 알리가 자란 곳 근처인 루이빌 출신으로 어렸을 적부터 알리를 높이 평가했고, 그의 존경심이 르브론에게 전달되었던 것이다. 메릿은 가끔 플레이오프 기간에 르브론의 호텔 방으

56 클리블랜드는 52년간 미국 4대 메이저 스포츠(미식축구, 농구, 야구, 하키)에서 우승한 적이 없었는데, 이는 4대 메이저 스포츠 팀을 가지고 있는 도시로서 매우 예외적이었다.

로 알리의 권투 영상을 가져와 같이 시청하곤 했다.

이것이 시작에 불과하기를 르브론은 바라고 있다. 재단은 아이들에게 투자할 수 있는 다양한 방법을 모색할 것이다. 장학금과 학교는 꾸준한 성장을 위해 실질적인 지원과 유지 관리, 그리고 돈이 필요한 큰 프로젝트다. 자선 사업에 대한 르브론의 집념은 그 어떤 것보다 점점 더 강해지는 것 같다.

르브론은 향후 수십 년 동안 농구가 아닌 다른 여러 분야에서도 많은 것을 이루고 싶어 한다. 다만 그가 지난 10년 동안 비즈니스를 통해 배운 가장 큰 교훈 중 하나는 〈성공〉을 정의하는 다른 방법이다.

「어렸을 때, 제가 처한 상황에서 벗어날 수 없을 것 같았던 시절이 있었는데, 저는 그 시절을 매일 생각합니다.」르브론은 말했다. 「저에게는 꿈과 멘토가 있었고, 그들이 지금의 제가 될 수 있도록 해줬어요. 그 외 사람들이 저에 대해 무슨 말을 하든 상관없지만, 제가 제 고향과 전 세계 사람들을 위해 한 것들을 빼앗을 수는 없을 것입니다. 그것이 저에게는 무엇보다 중요합니다. 농구를 정말 사랑하고 즐기지만 다른 사람들을 위해 보답하고 학교를 여는 것은 제 농구 인생과 무관하게 지속될 것입니다.」

12
LA

2018년 여름, 르브론이 LA 레이커스와 1억 5천4백만 달러에 4년 계약을 했을 당시 놀라워했던 사람들은 아마 그의 관심사를 잘 알지 못했기 때문일 것이다.

2015년에 워너 브라더스와 계약을 체결하면서 스프링힐 엔터테인먼트(구 스프링힐 프로덕션)는 누구나 인정하는 할리우드 운영사가 되었다. 이에 따라 카터는 로스앤젤레스로 이사했다. 일시적이거나 세컨 하우스 개념이 아니고 장기적으로 거주하기 위해 이사한 것이었다. 그는 할리우드 힐스의 멀홀랜드 드라이브 바로 옆에 수영장, 게스트하우스, 와인 저장고, 그리고 영화관을 갖추고 대문까지 완비된 350만 달러짜리 집을 구매했다.

이것은 르브론 운영 팀의 이주 과정 중 일부였다. 그해 초 르브론은 폴 와처가 살던 곳 근처인 브렌트우드에 약 9백 제곱미터 정도 되는 저택을 2천1백만 달러에 구매했다. 2016년에 리치 폴은 베벌리힐스에 있는 수영장이 내려다보이고 전면이 유리로 된 발코니가 포함된 방 5개짜리 집을 3백만 달러에 구입했다. CAA에서 몇 년간 공부한 뒤, 회사를 떠나 자신의 에이전시를 운영하기로 한 폴의 결정이 드디어 결실을 맺기 시작한 것이다. 회사를 떠날 때 고객 몇 명을 데려갔고, 이후 스스로 많은 유명 선수를 영입했다. LRMR는 존 월이 프로 선수가 될 때는 영입하는 데 실패했지만 이번에는 그와 함께하는 데 성공했으며, 그를 위해 2억 7백만 달러 계약을 체결시켰다. 그 후 폴은 드래프트 전체 1순위 지명을 받았던 앤서니 데이비스와 벤 시먼스를 고객으로 맡았다. 스포츠 에이전시 사업의 중심지인 로스앤젤레스는 거점으로 잡기에 적절한 곳이었고, 폴은 바로 실행에 옮겼다.

아직 클리블랜드 팀에서 뛰고 있던 2017년에 르브론은 침실 8개, 화장실 11개, 엘리베이터, 사우나실, 수영장, 실내외 체육관을 갖춘, 브렌트우드에서 얼마 떨어지지 않은 약 1천5백 제곱미터 규모의 집을 추가로 사는 데 2천3백만 달러를 지불했다.

그리고 2017년 LA 레이커스는 리치 폴의 고객인 켄타비어스 콜드웰포프와 1천8백만 달러의 1년 계약을 맺었다. 전문가들이 추정한 예상 연봉보다 훨씬 많은 금액이었다. 그리고 더 놀라운 것은 그가 음주 운전으로 인해 다가오는 시즌 동안 25일 징역형을 받았음에도 불구하고 계약을 했다는 사실이었다. 다행히 판사가 노동 석방[57]을 허용해 주었기 때문에 그는 몇 경기만 제외하고 모든 경기를 뛸 수 있었지만 말이다.

57 죄수가 돈을 벌기 위해 교도소 밖으로 노동하러 나가는 것을 허용해 주는 제도.

그러나 2017년 시즌에 콜드웰포프가 레이커스 경기를 뛰고 밤에는 교도소에서 잠을 자야만 하는 비정상적인 기간 동안 다른 일이 생기지 않도록 감시하기 위해 폴은 스테이플스 센터[58]를 정기적으로 찾아야 했다. 시즌 초기에 구단주인 지니 버스가 폴을 자신의 코트사이드 좌석 옆에 앉게 해, 그들은 이야기를 나누며 더 잘 알게 되었다. 콜드웰포프는 득점력과 수비력을 가진 가드로 평판이 좋아, 그를 원하는 것이 그리 이상하지 않았다. 하지만 레이커스가 그를 영입하려는 또 다른 동기가 있을 거라고 생각하는 사람들도 있었다.[59]

르브론의 세 번째 이적이 공식화되었을 때 텔레비전 쇼나 에세이 공개와 같은 것은 없었다. 폴이 2013년에 시작한 에이전시 클러치 스포츠의 보도 자료로 간단하게 발표했을 뿐이다. 발표 몇 시간 후, 레이커스는 콜드웰포프와 1천2백만 달러에 재계약했는데, 이 또한 분석가들의 생각보다 높은 금액이었다.

이것으로 LA로의 이적이 완료되었다. 2016년에 클리블랜드 팀을 NBA 우승으로 이끈 후, 르브론은 그가 원한다면 캐브스를 떠날 수 있는 자격이 주어졌다. 2014년에 클리블랜드로 돌아왔을 때 그는 은퇴 후 NBA 팀의 구단주가 될 수 있을지 알아보고 있었다. 르브론은 구단주 댄 길버트에게 캐브스 팀에 대한 장기 계획이 무엇인지 문의한 적도 있었다. 현역 선수가 구단주

---

58 LA 레이커스 경기장. 2022년에 크립토닷컴 아레나로 이름을 변경했다.

59 이후 레이커스가 르브론을 영입하기 위해 리치 폴의 선수들을 먼저 영입해 리치 폴과 친해지려고 노력한 것으로 알려졌다.

가 되는 것은 리그 규정에 위배되기 때문에, 그 당시로서는 구단을 사거나 르브론이 선호하는 지분 취득이 불가능했지만, 훗날에는 불가능한 일이 아니었다.[60]

르브론이 캐브스로 돌아오기 1년 전, 『포브스』는 캐브스 팀의 가치를 5억 1천5백만 달러로 평가했다. LA 클리퍼스가 20억 달러에 매각되면서 모든 NBA 팀의 가치가 올라간 것도 있지만, 르브론이 복귀함으로써 캐브스 팀은 9억 1천5백만 달러로 평가받았다. 돌이켜보면, 만약 데이비드 게펀이 2010년에 르브론을 이용해 클리퍼스를 살 수 있었다면[61] 엄청난 사업 성과를 냈을 것이다.

『포브스』는 르브론의 재영입으로 캐브스의 매출이 연간 4천만 달러 증가했다고 추정했다. 그 정도 부의 증가라면 미래에도 파트너로서 당연히 가치가 있을 것이다. 르브론과 그의 친구들은 길버트가 클리블랜드와 신시내티에 카지노를 건설한 것은 르브론 덕분에 얻은 길버트의 주 내 인기 때문이라 믿고 있었다. 그것이 사실일 수도 있고 아닐 수도 있다. 길버트는 카지노 이슈를 통과시키기 위해 똑똑한 투자와 강력한 캠페인을 벌인 영리한 사업가다. 어찌 되었든 그의 순자산은 늘었고, 그것은 그가 르브론의 선수 생활 이후 같이 사업을 할 동기 부여가 되었을 수도 있다.

---

60 참고로 마이클 조던은 두 번째 은퇴에서 복귀했을 때, 워싱턴 위저즈의 소액 구단주로서 소유하고 있던 지분을 모두 팔아야 했다.

61 〈9. 저의 재능을 가져갑니다〉 참고.

그러나 길버트와 르브론의 재결합은 항상 미약했다. 길버트가 2010년에 쓴 편지는 돌이킬 수 없는 강을 건넌 것으로, 그 후 우승했음에도 불구하고 두 사람 사이는 늘 어색했다. 2017년에 계약 조건에 합의하지 못하며 당시 팀의 단장이었던 데이비드 그리핀이 유임하지 못하자 길버트와 르브론의 사이는 더욱 악화되었다. 캐브스의 공동 소유주이자 길버트의 비즈니스 파트너였던 제프 코언과 네이트 포브스도 비슷한 시기에 길버트와 결별했다.

이후 캐브스의 유망한 선수였던 카이리 어빙이 트레이드를 요구했다. 르브론은 어빙이 트레이드되지 않기를 바랐다. 하지만 길버트는 르브론이 다시는 떠나지 않을 것이라는 확신을 주기를 원했고, 르브론에게 계약 연장 요청을 했지만 르브론은 거절했다. 르브론이 지난번과 같이 떠날 경우를 대비해야 했던 길버트는 결국 다음 시즌 드래프트 권리를 받으며 어빙을 보스턴으로 트레이드시켰다.

이런 여러 가지 일이 두 사람 사이를 더 멀어지게 만들었다. 이미 LA를 주시하고 있던 르브론은 길버트와 더 이상 같이 일할 수 없다고 판단했다. 캐브스의 구단주가 되겠다는 장기적 계획은 당분간 보류되었다. 캐브스는 4년 연속 NBA 결승전에 진출했고, 또다시 네 번째 결승전에서 만난 골든 스테이트 워리어스에 네 게임 연패[62]를 당하고 말았다. 르브론은 그해 서른세 살임에도 불구하고 그의 선수 생활 중 가장 위대한 플레이오프 성

62 NBA 결승전은 7전 4승제다.

적을 기록했다. 처음으로 정규 시즌 82게임을 모두 뛰었고, 플레이오프 경기에서 버저비터를 두 번 기록하며, 보스턴 팀을 포함한 두 개의 7차전 게임을 승리로 이끌었다.

그러나 결승전 1차전 경기에서 몇 차례 심판의 애매한 파울 콜과 팀 동료 J. R. 스미스가 경기의 점수를 착각해 버린 결정적인 실수로 패하자 르브론은 냉정을 잃어버렸다.[63] 그는 로커 룸으로 들어와 주먹으로 화이트보드를 내려쳐 손에 금이 갔다. 그로 인해 다음 세 경기를 뛸 수는 있었지만 기량을 충분히 발휘할 수 없었고, 클리블랜드에서 남은 계약 기간이 불평불만으로 끝나 버렸다.

몇 주 후 르브론의 프리 에이전트가 돌아왔을 때, 그가 선택할 수 있는 옵션은 그리 많지 않았다. 2010년 처음으로 프리 에이전트가 되었을 때는 클리블랜드에 머물거나, 드웨인 웨이드 및 크리스 보시와 함께 마이애미 히트에 합류하거나, 젊은 스타 데릭 로즈와 조아킴 노아가 있는 시카고 불스로 가거나 선택권이 다양했다. 2014년에는 그가 히트에 남아 있을 수도 있었지만 캐브스에 합류했는데, 당시 팀에는 이미 어빙이 있었고 올스타 케빈 러브도 트레이드를 통해 영입될 예정이었다.

이번에는 상황이 더 복잡했다. 그의 현재 팀이 더 향상될 가능성은 없어 보였고, 팀도 재건을 시작하려는 조짐을 보이기 시작했다. 레이커스는 유명 프리 에이전트를 영입하기 위해 아직 검증되지 않은 어린 선수 몇 명만 보유하고 있었다. 당시 우승

---

63 르브론은 1차전 경기에서 51득점, 8리바운드, 8어시스트를 기록했다.

가능성이 있는 휴스턴 로키츠와 필라델피아 세븐티식서스 둘 다 르브론을 간절히 원했지만, 르브론의 가족들은 클리블랜드나 로스앤젤레스가 아닌 곳에서 살고 싶어 하지 않았다.

한편, 2018년 가을이 되었을 때 스프링힐 엔터테인먼트는 이미 방송, 기획, 또는 제작 중인 12개 이상의 다큐멘터리, 드라마, 서바이벌 쇼나 게임 쇼들을 보유하고 있었다. 그들은 쇼타임, HBO, 스타즈, The CW, CBS, NBC, 그리고 페이스북 등 다양한 채널과 쇼를 만들고 있었고, 르브론이 직접 출연하거나 관여하지 않아도 되었다. 그는 총괄 제작자로 이름을 올릴 뿐이었다. 새로운 프로젝트를 만들기 위해 그를 등장시킬 필요 없는, 충분히 능력 있는 회사가 되어 있었다. 와처가 타임 워너 이사회 이사로 활동하는 덕분에 타임 워너와의 관계를 발판으로 삼긴 했으나, 그들은 더 이상 어느 한 방송국이나 제작사와 관계할 필요가 없었다. 하지만 워너 브라더스를 통해 르브론과 특히 (좋은 프로젝트와 훌륭한 인재를 찾기 위해 수시로 미팅을 하며 실무를 담당하고 있던) 카터는 업계의 인정을 받기 시작했고 좋은 평판을 유지했다. 더 이상 르브론의 이름 덕분에 문에 발을 들여놓는 정도가 아닌 그 이상의 회사가 되었다.

운동선수를 기반으로 만들어진 미디어 플랫폼 언인터럽티드는 할리우드 중심가에 위치한 바이어컴 빌딩으로 사무실을 이전하고, 자체 개발한 15개 이상의 프로젝트를 보유하고 있었다. 그 프로젝트는 마리화나 사업을 창업한 전 NBA 선수 알 해링턴에 대한 다큐멘터리부터 토론토 국제 영화제에서 상영된 전

NBA 스타 빈스 카터에 대한 영화까지 다양했다.

하지만 신인 감독의 아이디어로 만들어진 「모어 댄 어 게임」이나 그들의 첫 드라마이자 할리우드의 전설 톰 워너가 제작한 「서바이버스 리모스」만큼 비평가들의 찬사를 받은 것은 아직 없었다. 르브론이 조연으로 출연하고 1억 4천만 달러를 벌어들인 「나를 미치게 하는 여자」와 같이 상업적으로 성공한 것도 없었다. 아마 제일 성공한 것은 여러 시즌 동안 연장되었던 NBC의 게임 쇼 「더 월」일 것인데, 이마저 진행자였던 크리스 하드위크가 전 여자 친구에게 폭행 혐의로 고소당하면서 한동안 위기에 빠졌다. 하지만 결론적으로 르브론과 카터는 미래가 밝아 보이는 작은 제국을 만들었다는 것이다. 만약 그들의 작품이 계속 방송된다면, 그들을 할리우드의 엘리트로 도약할 수 있게 해줄 히트작을 찾을 기회가 계속 있을 것이다. 아직 상대적으로 엔터테인먼트 사업 초기인 그들은 나름 좋은 성과를 내며 돈을 벌고 있었다. 그리고 워너 브라더스는 둘의 관계에 큰 보상을 안겨줄 「스페이스 잼 2」를 여전히 만들고 싶어 안달이었다.

집에서는 르브론의 두 아들이 로스앤젤레스에서 여름을 즐겼다. 둘 다 빠르게 성장하는 농구 스타였다. 르브론은 첫째 아들 브로니가 언젠가 NBA 선수가 될 거라 믿기 시작했다. 캘리포니아 남쪽에 위치한 경쟁이 치열한 고등학교 농구 프로그램에 아들들을 참여시키는 것은 매우 매력적이었다.

이것이 르브론이 클리블랜드를 떠나 휴스턴 로키츠나 필라델피아 세븐티식서스와 같이 바로 우승 가능성이 있는 팀에서 뛸 기회를 포기한 이유였다. 상당한 모험일 수 있지만, 르브론은 레이커스가 나중에 다른 스타 선수들을 영입할 수 있을 거라고 믿었다. NBA에서 가장 매력적인 팀이 또 다른 위대한 선수를 영입할 수 있다는 것에 도박을 한 것인데, 어쩌면 최악의 도박은 아닐 수도 있었다.[64]

이런 것들이 2018년 7월 프리 에이전트가 되면서 르브론이 가진 생각이었다. 그리고 답은 발표만큼이나 간단했다. LA로 가는 것.

농구만 봤을 때는 합리적인 선택이 아닐 수도 있지만, 비즈니스 관점으로는 신중하고 잠재력 있는 선택이었다. 나이가 들수록 르브론의 사업은 더욱 정교해졌고, 그의 미래에 대한 야망은 더욱 커졌다. 농구 선수로서 세상에 영향을 미치는 기간은 자신이 향후 미칠 영향에 비하면 매우 일부분이라고, 르브론은 생각

---

64 리치 폴은 클러치 스포츠 소속인 앤서니 데이비스가 레이커스로 트레이드되도록 당시 그의 소속 팀이었던 뉴올리언스 펠리컨스에 요구했고, 레이커스는 거의 모든 젊은 선수와 3년간 드래프트 권리를 주면서까지 데이비스를 2019년에 영입했다. 그가 레이커스 유니폼을 입고 처음으로 뛴 2019-2020 시즌은 코로나 확산으로 도중에 중단되기도 했지만, 결국 르브론과 데이비스는 우승을 거머쥐었고, 르브론은 네 번째 결승전 MVP로 뽑혔다. 한편 펠리컨스는 2019년 드래프트 1순위를 선택할 권리를 받아 르브론의 바통을 넘겨받을 것이라는 말이 나올 정도로 유망한 자이언 윌리엄슨을 뽑았고, 그는 CAA를 에이전시로 선택했다. 2019년 레이커스와 펠리컨스가 데이비스의 트레이드를 진행할 당시부터 지금까지 펠리컨스의 단장은, 르브론이 클리블랜드로 복귀할 당시 클리블랜드의 단장이었고 이후 구단주가 재계약하지 않아 르브론과 구단주 사이가 악화되는 계기를 만들었던 데이비드 그리핀이다.

한다. 이런 식으로 생각하는 운동선수는 르브론만이 아니다. 비즈니스, 자선 사업, 정치, 스포츠 등 선수 생활 이후 다양한 성공을 거두는 선수들이 있는데, 레이커스의 사장 매직 존슨이 그들 중 하나다. 르브론은 모든 기회의 문을 열어 놓고 싶었다.

르브론의 이적은 여러 관점에서 볼 수 있었다. 2010년 마이애미로 간 것은 NBA에서 우승할 수 있음을 입증하기 위한 농구 선수로서 결정이었고, 2014년 클리블랜드로 다시 돌아온 것은 명성에 씌워진 먹칠을 지우고 고향 팀에 우승 트로피를 가져다주며 NBA 역사에 남을 전설이 되기 위한 결정이었다. 그리고 2018년에 LA 레이커스로 간 것은 지난 15년간 농구 실력으로 쌓아 온 놀라운 명성을 이용하는 법을 배운 결과, 그 결실을 맺기 위한 사업가적 결정이었다. 이것은 그가 향후 50년 동안 어떻게 살고, 가족에게 무엇을 남겨 줄지 잘 보여 주었다. 물론 좋은 날씨, 해변, 그리고 역사적 농구 팀이 있다는 것도 금상첨화였다.

그가 LA로 이적하는 것이 공식화된 지 3개월도 채 지나지 않아, 마침내 「스페이스 잼 2」의 계약이 성사되었다. 영화에 대해서는 그때까지 적어도 5년 동안 논의되어 왔다. 그 과정에서 다양한 작가, 감독, 제작자들이 오갔고, 카터와 르브론은 수많은 대본을 보고 거절했다. 르브론은 클리블랜드, 카터는 최전방인 LA에 서로 떨어져 있으면서도 개인 전용 비행기나 틈틈이 저녁 자리, 경기 후 긴 대화 자리에서 다양한 미팅을 가졌다. 하지만 그가 레이커[65]가 되자 거래는 바로 성사되었다.

2018년 가을, 스프링힐과 워너 브라더스는 「스페이스 잼 2」가 2019년 여름 제작에 들어갈 거라고 발표했다. 「블랙 팬서」를 감독한 라이언 쿠글러가 공동 제작을, 테런스 낸스가 연출을 맡기로 했다. 르브론과 카터가 공동 제작하고, 르브론이 당연히 주연 배우이며, 워너 브라더스의 「루니 툰」에 나오는 캐릭터들, 특히 벅스 버니와 대피 덕이 출연할 예정이다.

「스페이스 잼」은 1996년에 개봉했지만, 영화의 역사는 1992년 나이키의 슈퍼볼 광고에서 시작되었다. 광고는 포틀랜드의 유명한 회사 위든+케네디가 만들었는데, 2003년 르브론이 신발 계약을 맺기 전 나이키를 방문했을 때 프레젠테이션했던 바로 그 회사다. 나이키는 마이클 조던이 연기한 에어 조던과 벅스 버니가 연기한 헤어Hare[66] 조던이 한 팀으로 나오는 광고를 만들었는데, 그 광고는 그 시대 가장 기억에 남는 슈퍼볼 광고 중 하나였다. 나이키는 이듬해 아예 광고 시리즈를 만들어 출시했다.

「스페이스 잼」의 감독 조 피트카는 나이키 대표인 필 나이트에 의해 「스페이스 잼」이 만들어진 거라고 인터뷰한 적이 있다. 그가 광고를 위해 워너 브라더스로부터 캐릭터들의 저작권을 사고, 조던에게 촬영비를 지불했으며, 매우 비싼 슈퍼볼 광고비를 구입해 이후 영화화될 아이디어를 현장에서 시험해 보았기 때문이다. 조던이 영화에서 자신의 나이키 신발을 신어 모든 사람이 보게 했지만, 나이트는 영화가 전 세계적으로 벌어들인

65 LA 레이커스 선수를 이르는 말.
66 〈토끼〉라는 뜻으로 〈에어〉와 발음이 비슷하다.

2억 3천만 달러 중 한 푼도 받지 못했다.

영화의 진정한 흥행은 상품에 있었다. 일간지『시카고 트리뷴』은 「스페이스 잼」에 나온 조던 캐릭터 관련 상품이 78개 출시되었고, 워너 브라더스는 「루니 툰」 캐릭터를 통해 12억 달러의 매출을 실현했다고 보도했다. R. 켈리의 싱글 앨범 「아이 빌리브 아이 캔 플라이」를 포함한 OST도 큰 흥행을 거두었다. 워너 브라더스는 영화 덕분에 아직도 돈을 벌고 있다. 그렇기 때문에 더욱이 르브론이 출연을 수락하도록 노력했던 것이다.

영화 출연으로 조던이 받은 금액은 한 번도 보도된 적이 없지만, 2019년 영화 제작 방식은 1990년대 중반과 많이 달랐다. 만약 영화가 흥행에 성공한다면 르브론과 카터는 상당한 이익을 얻을 수 있는 위치에 있었다. 조던의 에이전트인 데이비드 포크와 그의 오랜 비즈니스 매니저 커티스 포크를 포함해 17명의 제작자가 원본 영화에 이름을 올린 반면, 조던은 제작자에 포함되지 않았다. 어찌 보면 그들을 위해 일하는 직원 같은 개념이었다. 마이클 조던이 촬영하지 않을 때 농구 연습을 할 수 있도록 워너 브라더스가 실내 체육관을 만들어 주긴 했지만, 스프링힐과 같이 워너 브라더스 스튜디오 안에 아예 본거지를 만들어 주지는 않았다. 마이클 조던이 르브론처럼 이미 브렌트우드에 두 채의 집이 있었던 것도 아닌데 말이다.

「스페이스 잼 2」는 스프링힐과 르브론의 영화 사업 미래를 좌지우지할 수도 있다. 만약 흥행한다면 카터는 앞으로도 회사의 발전을 가져올 큰 예산의 영화를 계속 제작할 능력을 인정받을 것이다. 또한 르브론이 「나를 미치게 하는 여자」에서 배우들과 케미를 맞춘 것과 같이 만화 캐릭터들과도 케미를 맞출 수 있다면 그가 연기할 기회는 더 많아질 것이다. 「나를 미치게 하는 여자」가 개봉되었을 때 르브론은 재미있게 대사를 전달하는 연기력으로 찬사를 받았다. 매거진 『뉴요커』는 〈현직 프로 농구 선수의 가장 위대한 연기〉라고 찬사를 보내기도 했다. 한편, 지금까지 다른 연기들도 마찬가지이지만, 특히 이번 영화에서 르브론은 자기 자신을 연기하는 것과 유사했다. 만약 르브론이 「스페이스 잼 2」를 흥행으로 이끌어 영웅이 된다면, 그가 수년간 머릿속에서 생각하고 있던 다른 꿈이 실현될 수도 있었다. 그것은 바로 슈퍼히어로를 연기하는 것이다.[67]

르브론은 10대 농구 스타에서 젊은 백만장자, 협상가, NBA 스타, 사업가, NBA 슈퍼스타, 에이전트, 다큐멘터리 제작자, 올림픽 금메달리스트, 텔레비전 제작자, 비즈니스 거물, 창업자, NBA 챔피언, 사회 운동가, 영화배우, 자선 사업가, 구단주, 프랜차이즈 사업가, 콘텐츠 제작자, 인도주의자, 그리고 언젠가 슈퍼히어로까지 진화하는 과정에 있다.

또 르브론은 이발소에서 자신의 유명한 친구들과 어린 시절

---

67 영화는 2021년 7월에 개봉되었다. 그러나 제작하는 데 8천만 달러를 들여 2억 5천만 달러 매출을 올린 「스페이스 잼」과 달리 「스페이스 잼 2」는 두 배인 1억 5천만 달러를 투입해 1억 6천만 달러의 매출을 올리는 데 그쳤다. 2021년 개봉 당시 코로나 여파로 모든 영화가 흥행에 어려움을 겪은 점도 있고, 향후 굿즈를 포함하면 많은 돈을 벌겠지만 결론적으로 하와이 영화제에서 2021년 최악의 영화로 뽑히는 등 워너 브라더스가 그토록 바라던 결과에는 미치지 못했다.

부터 정치에 이르기까지 다양한 주제로 이야기를 나누는 쇼, 마리화나 사업을 창업한 전 NBA 선수 알 해링턴에 대한 다큐멘터리 등 다양한 콘텐츠를 만들었고, 애니메이션 「스몰풋」의 설인(雪人) 목소리를 연기하기도 했다. 그리고 이것은 시작에 불과하며, 많은 다양한 기회가 그를 기다리고 있다.

그동안의 여정을 통해 르브론은 이미 국제적으로 유명해졌고, 사람들의 존경을 받았으며, 엄청난 부를 창출했다. 하지만 그는 이 모든 것이 아직 시작에 불과하다고 말한다.

에필로그

그래서 르브론 제임스는 억만장자[68]가 되었는가?

아직 아니다. 르브론은 2022년 LA 레이커스와의 계약이 만료될 때 NBA에서 19년 동안 총 3억 9천1백만 달러의 연봉을 받게 되는데, 그것은 NBA 역사상 최고 금액이다. 현재 케빈 가넷이 3억 4천3백만 달러로 최대 금액을 기록하고 있고, 코비 브라이언트가 3억 2천8백만 달러로 그 뒤를 잇고 있다. 물론 세전 금액이다.

리버풀 FC, 블레이즈 피자, 언인터럽티드와 스프링힐 엔터테인먼트의 지분, 부동산 자산, 그리고 광고 계약들을 합치면 그 금액에 가까울 수도 있다. 2018년『포브스』는 르브론이 광고 계약들을 포함해 총 7억 6천5백만 달러를 벌어들였다고 추정했다. 그리고 그는 꽤 검소하기로 유명하다(일부는 그를 매우 인색하다고 부르기도 한다). 그래서 그는 투자한 것들을 아직도 여전히 보유하고 있을 가능성이 높다.

68 억만장자billionaire는 소유 재산이 10억 달러를 넘는 부호를 지칭한다.

「저는 데이터 로밍을 켜지 않아요. 애플리케이션도 구매하지 않고요. 저는 아직도 광고가 포함된 무료 판도라 애플리케이션을 사용해요.」 르브론은 ESPN의 레이첼 니컬스와의 인터뷰에서 말했다.

전 캐브스 팀 동료 이먼 슘퍼트는 르브론의 스마트폰 애플리케이션으로 노래를 들으며 운동할 때 애플리케이션에서 항상 광고가 나와 짜증 났다고 말했다. 르브론은 광고를 없애기 위해 구독 요금을 내고 싶지 않았던 것이다. 한편, 슘퍼트는 만약 본인의 자산 투자를 팀 동료에게 맡겨야 한다면 르브론에게 맡길 거라고 말하기도 했다.

물론 르브론도 몇몇 투자에서 실수한 적이 있다. 한창 부동산 붐이 일어났을 때 라스베이거스에 집을 산 것은 최악이었다고 르브론은 말했다. 하지만 워런 버핏을 만난 이후 버크셔 해서웨이 주식에 안정적으로 투자하기 시작했다. 내가 예전에 르브론에게 버크셔의 주식 클래스 A(2018년도에 한 주당 33만 5천 달러 이상이었다[69])를 몇 개나 가지고 있는지 물었을 때 그는 그냥 미소만 지었다.

한편, 2014년 언더 아머와 나이키는 케빈 듀랜트를 영입하기 위한 입찰 경쟁을 벌였다. 2003년 르브론을 두고 경쟁한 이후 농구 선수 영입을 위한 가장 치열한 경쟁이었고, 결과적으로 엄청난 숫자를 만들어 냈다. 언더 아머는 당시 신발 사업이 크지

---

69 클래스 A는 2021년 12월 31일 주당 45만 달러 넘는 가격으로 마감했다.

않았기 때문에 로열티 매출에 의존할 수 없어 듀랜트에게 (매출과 연동되는 금액이 아닌) 막대한 금액이 보장된 계약을 제시했다. 2007년 듀랜트가 프로 선수가 될 때 6천만 달러로 영입했던 나이키는 〈우선 계약 체결권〉, 즉 듀랜트가 타사와 계약하려는 경우 나이키가 동일한 조건으로 먼저 계약할 권리를 가지고 있었다(참고로 2007년 당시 아디다스는 듀랜트에게 더 많은 금액을 제시했지만, 나이키는 더 적은 금액으로 데려올 수 있었다). 따라서 2014년에 나이키는 언더 아머가 제시한 금액을 매칭할지 고민했지만 결국 영입하기로 결정했고, 보도에 따르면 듀랜트는 10년 동안 최대 3억 달러의 가치가 되는 계약을 체결한 것으로 알려졌다. 그것은 신발 게임에서 르브론을 넘어선 금액이었다.

듀랜트와 계약 체결 당시 르브론과 나이키의 두 번째 계약이 아직 만료되기 전이었음에도, 듀랜트 신발에 비해 훨씬 매출이 좋았던 르브론은 이것을 재협상 기회로 만들어 냈다. 카터가 바로 추진해 2016년에 르브론은 나이키와 평생 계약을 체결했다. 나이키가 수치를 확인해 준 것은 아니지만, 관계자들에 따르면 르브론은 연간 3천만 달러 이상을 벌어들인다.

카터는 『GQ』와의 인터뷰에서 르브론의 나이키 계약이 끝날 즈음에 10억 달러 이상의 수입을 가져다줄 수 있다고 말해 이슈가 되었다. 그런 금액이 보장된 것도 아니고, 은퇴 후 르브론의 신발 판매 매출이 어떻게 될지 모르는 상황이어서, 그건 단지 추측일 뿐이었다. 마이클 조던이 은퇴한 지 20년이 지난 지금 그의 신발 사업은 연간 10억 달러의 매출을 달성하고 있다. 그러나 어느 신발 회사 임원에게 물어봐도 똑같이 답하겠지만, 마이클 조던은 유일무이한 존재다. 물론 척 테일러[70]도 있긴 하지만.

「조던은 특이한 케이스입니다. 그 누구도 은퇴 후 조던과 같이 신발을 판매한 적이 없어요.」 스포츠 의류 산업 분석가인 맷 파월은 말했다. 「주기를 맞추는 건 어려워요. 지난 몇 년 동안 농구화 유행이 지났고 르브론의 신발 판매량은 2015년부터 감소하기 시작했어요. 물론 다시 돌아올 수도 있습니다. 그가 LA로 가는 것이 큰 도움이 될 거예요. 좀 더 지켜봐야 알겠지만.」

르브론의 신발 계약이 10억 달러를 달성하지 못하더라도 억만장자가 되기 위한 다른 방안이 있다. 리버풀 FC 투자를 바탕으로 르브론은 스포츠 팀의 구단주가 되는 것을 여전히 목표로 하고 있다. 카터는 르브론이 10년 이내에 스포츠 팀을 소유하게 될 거라고 말했다. 모든 NBA 팀의 가치가 현재 10억 달러 이상이고 10년 후에는 그 숫자가 얼마나 될지 아무도 알 수 없기에, 그 말은 다소 허황되게 보일 수도 있다. 단순히 큰 금액을 보고 그가 어떻게 자금을 마련할지 걱정한다면 그렇게 생각할 수도 있겠지만, 지금까지 카터와 르브론이 배운 지분 거래 방식을 이

---

70 미국에서 1920년대 활동한 프로 농구 선수이자 농구화 세일즈맨. 캔버스 신발에 자신의 사인을 해서 판매한 것으로 유명하며 그 후 〈캔버스 척테일러 올스타〉는 하나의 브랜드가 되어 지난 1백 년간 전 세계 사람들에게 사랑받았다.

용한다면 불가능한 일이 아닐 수도 있다.

2017년 언인터럽티드 플랫폼에서 방송된 카터와 매직 존슨의 인터뷰는 슈퍼스타 운동선수가 어떻게 부를 창출해야 하는지 알려 주는 아주 자세한 과외 강의였다. 당시 레이커스 사장직을 맡고 있던 존슨은 르브론을 데려오려 노력하고 있었기에 아마 르브론의 관심사에 대해 자세히 말해 주었을 것이다. 그후 2018년 7월 1일 존슨은 브렌트우드에 있는 르브론의 집을 방문해 그를 영입하는 데 성공했다.

인터뷰 중에 존슨은 2012년 LA 다저스를 구매하기 위해 투자자들을 찾고 있을 때 여섯 명의 또 다른 억만장자가 매각 입찰에 동참하고 싶어 했다고 카터에게 말했다. 매각 입찰은 경쟁이 심할 것으로 보였고, 입찰서에 존슨의 이름을 쓸 수 있다면 매우 유리할 것이었다. 투자자들이 존슨을 인터뷰하는 것이 아니라 존슨이 오히려 여섯 명의 투자자를 각각 인터뷰해 누구와 손잡을지 결정할 수 있었다. 투자자들 모두 돈이 있었지만 존슨은 흠잡을 데 없는 평판과 스포츠계에서의 존경심, 그리고 명예의 전당 선수라는 신뢰감 등 그들이 없는 것들을 가지고 있었다. 결국 존슨이 구겐하임 파트너스와 함께 입찰에 응해 20억 달러에 팀을 얻을 수 있었다는 것은 놀라운 일이 아니다. 존슨은 소주주가 되어 자산을 더 불렸을 뿐만 아니라 스포츠계에 자신의 영향력을 행사할 수 있었다.

2017년 프로 야구 구단 플로리다 말린스가 매물로 나왔을 때도 많은 그룹이 매수에 관심을 보였다. 데릭 지터가 이끄는 그룹이 결국 12억 달러에 팀을 사들였다. 지터는 팀 전체 지분의 4퍼센트도 보유하지 않았지만 최고 경영자가 되어 팀을 운영했다. 심지어 그는 팀의 스타 장칼로 스탠턴을 자신이 뛰었던 양키스로 이적시키라고 불합리한 명령을 내릴 수도 있었다. 당시 팬과 언론의 비판을 받았지만, 지터는 이렇게 팀의 미래를 바꿀 수 있는 결정권을 가지고 있었다. 구단 매입을 위한 자금 대부분은 버핏에게 세 개의 회사를 매각해(억만장자들의 세상도 꽤 좁다) 억만장자가 된 사모펀드 거물 브루스 셔먼으로부터 나왔다. 어찌 되었든 지터는 은퇴한 지 3년 만에 소주주임에도 불구하고 메이저 리그 팀을 운영하게 된 것이다. 명성 있는 스타 운동선수에게 주어지는 특권이 있었다. 르브론이 이미 오래전에 배운 교훈이었다.

「제 직감으로 르브론은 향후 전 세계 여러 스포츠 팀을 소유할 것 같습니다. 그리고 그는 현명하니 똑똑한 사람들을 고용해 운영하도록 하고 본인은 뒤에 앉아 자신이 건설한 제국을 즐길 거예요. 그와 카터는 재정적으로 매우 잘해 왔고 그들이 어디로 가고 있는지 잘 알고 있습니다.」 FSG의 사장 샘 케네디는 말했다.

팀을 사기 위해 필요한 돈을 구하는 것은 르브론에게 큰 문제가 되지 않을 것이다. NBA는 만약 팀이 매물로 나온다면 르브론이 구단주가 되기를 간절히 원하고 그렇게 되도록 도와줄 것이다. 2010년 샬럿 밥캐츠[71]가 매물로 나왔을 때 NBA 협회 이

---

71 현 샬럿 호니츠.

사회는 조던이 팀을 매입할 수 있도록 구매 기준을 변경해 주었다. 조던이 당시 구단주였던 밥 존슨에게 많은 빚을 지긴 했지만, 『샬럿 옵서버』의 보도에 따르면 조던이 팀을 인수하는 데 사용한 현금 지출은 3천만 달러에 불과했다.

NBA 팀에 대한 관심이 높아지면서 팀의 가치가 급등했기 때문에 아마 오늘날에는 그러한 거래가 불가능할 것이다. 하지만 만약 팀이 매물로 나오고 은퇴한 르브론이 팀을 매수하기 위해 투자자들을 구한다면 그는 문제없이 필요한 금액을 조달할 것이고, NBA 협회도 입찰에서 그를 지지할 것이다. 그리고 또다시 와처가 계약에 도움을 준다면 르브론에게는 그만큼의 적절한 보상이 따를 것이다.

이런 모든 것을 언급하는 이유는 르브론의 비즈니스가 여전히 전개되고 있기 때문이다. 그가 구단주라는 목표를 달성할 것인지, 아니면 새로운 목표를 찾을 것인지 아직 알 수 없지만, 그의 시야가 점점 넓어지고 있는 것은 사실이다. 예를 들어, 2018년 말에 그는 아널드 슈워제네거(마침내 와처의 큰 고객과 손을 잡았다)와 함께 단백질 보충제 사업을 시작했다. 그 사업은 크게 될 수도 있고 조용히 사라질 수도 있다.

우리가 예견할 수 있는 것은 르브론의 농구 선수 생활이 거의 끝나 가고 있다는 점이다. 그는 미래에 뛸 경기 수보다 과거에 뛴 경기 수가 훨씬 많다. 수년에 걸쳐 그는 승리에 대한 열망을 농구 코트에서 다른 곳으로 옮기는 법을 배웠다. 승리에 대한 욕망과 전략을 사용해 자신의 장점을 극대화하려는 갈망은 여전히 남아 있을 것이다. 그는 경쟁을 너무나 사랑한다.

고향에 있는 불우한 아이들을 도우려는 그의 열정이 그의 인생에서 가장 혁신적인 일들을 이끌어 냈고, 그로 인해 느껴지는 만족감과 성취감을 위해서라도 그는 자선 사업을 멈추지 않을 것이다.

르브론은 십 대일 때부터 자신이 사랑하는 스포츠에서 역사상 가장 위대한 선수 중 한 명이 될 재능을 가지고 있다는 것을 깨닫고 자기 관리를 철저히 하기로 다짐했다. 그는 최상의 체력을 유지하고, 농구 기술을 꾸준히 늘리며, 선수 생활 기간을 최대한 늘리고 싶어 한다. 신이 자신에게 준 재능을 극대화해서 할 수 있는 모든 것을 쥐어 짜내고 싶어 한다.

그는 사업에 대해서도 같은 방식으로 접근했다. 자신의 명성을 이용하고, 자신의 브랜드를 관리하고 다듬으며, 사람들이 그를 원하지 않을 때까지 자신의 위치를 활용하고 싶어 한다. 자신의 부를 축적하기 위해서, 아니면 르브론과의 약속이 아니었다면 학교를 결석하고 말았을 아이들을 위해서, 그가 할 수 있는 모든 것을 해내려 할 것이다.

르브론의 스토리가 끝날 무렵, 그가 10억 달러를 벌었는지 50억 달러를 벌었는지는 크게 중요하지 않을 것이다. 다만, 그가 열여덟, 서른넷, 그리고 여든에 어떤 결정을 내렸는지가 더 중요해질 것이다.

「저는 오랫동안 기존의 틀을 깨고 있어요. 그것이 제가 하고 싶은 거죠. 다음 세대를 위해 계속해서 틀을 깨고 싶습니다.」르브론은 말했다.

「저는 모든 것을 다 가지고 싶습니다.」[72]

72 2022년 6월 2일, 『포브스』는 르브론 제임스가 억만장자가 되었다고 발표했다. 『포브스』는 르브론이 스프링힐 엔터테인먼트의 지분 3억 달러, 펜웨이 스포츠 그룹의 지분 9천만 달러, 그 외 보유한 부동산 8천만 달러, 그리고 각종 광고와 다른 투자를 통해 5억 달러 이상의 현금과 기타 자산을 보유하고 있을 것이라고 보도했다. 농구 선수 역사상 현역 선수가 억만장자가 된 것은 르브론이 처음이다.

감사의 말

르브론 제임스는 스포츠 역사상 가장 많이 보이고, 쓰이고, 이야기된 선수 중 한 명이다. 선수 생활 동안 변화를 수용하는 능력 덕분에 그의 스토리는 항상 진화하고 있다. 그것은 나에게 그의 여정을 기록할 수 있는 엄청난 기회를 제공했고, 나는 결코 그가 준 기회를 당연하게 여기지 않고 항상 감사하게 생각할 것이다.

르브론과 그의 가장 친한 친구 및 동료들은 20년간 함께했다. 그들도 농구와 비즈니스 세계에서 순진한 신참일 때가 있었다. 그들이 NBA에 왔을 때, 나도 순진한 신출내기였다. 지난 20년간 그들이 성장하고 실패를 극복하는 것을 지켜보는 일은 매우 흥미로웠다. 나의 길은 그들과 달랐지만, 종종 평행을 이루곤 했다. 우리는 종종 서로를 주시하며 비판하기도 했다. 우리는 상대방이 도대체 무슨 짓을 하는지 모를 때도 있었고, 진정으로 친밀감을 느낄 때도 있었으며, 심한 거리감을 느낄 때도 있었다. 힘들 때도 있었지만 질 높고 보람찬 항해였다.

지난 20년 동안 자신들의 삶과 생각을 나에게 보여 주고 공유해 준 르브론 제임스, 매버릭 카터와 리치 폴에게 감사의 마음을 전하고 싶다. 그리고 이 프로젝트에 많은 정보를 제공해 준 애덤 멘덜슨에게도 감사를 표한다.

에런 굿윈, 스티브 스타우트, 크리스토퍼 벨먼, 맷 파월, 샘 케네디, 짐 그레이, 존 스키퍼, 루크 우드, 대런 로벨, 릭 앵귈라, 엘런 루시, 브라이언 버거, 닉 디폴라, 레이철 니컬스, 제이슨 로이드, 데이브 맥메나민, 조 바든, 존 와일, 팀 본템스, 그리고 그 외 이 책을 위해 기꺼이 시간을 할애하고 경험을 공유해 준 수많은 분께 감사의 말씀을 전하고 싶다.

특히 독창성과 창의력을 가진 편집자이자 동료, 그리고 친구로서 지난 수년간 이 책을 만들 수 있도록 도와준 케빈 아르노비츠에게 각별한 감사를 표하고 싶다.

ESPN의 롭 킹, 로런 레이놀즈, 크리스티나 대글러스, 그리고 크리스 램지의 지원이 없었다면 이 책은 완성되지 못했을 것이다.

아셰트 출판사의 숀 데즈먼드와 LGR 문학 에이전시의 대니얼 그린버그의 지원에도 감사드린다.

마지막으로, 가족 특히 아내 모린 풀턴의 인내심과 지지가 없었다면 이 모든 것이 불가능했을 것이다.

옮긴이의 말

　열네 살 나이에 낯선 미국에서 이민 생활의 큰 위안은 요새 흔히 말하는 덕질이었다. 나의 유년 생활은 마이클 조던이 전부였다. NBA 선수들의 등장 음악에 가슴이 뛰고 설레던 그 소년은 로스쿨을 가고 다시 한국에 돌아와 변호사 생활을 하는 동안에도 그때의 설렘을 안은 채 살고 있다. 비록 선망하던 농구 선수 대신 변호사가 되어 그 분야와는 멀어졌지만 늘 농구에 관해 뭔가 해보고자 했던 아련한 꿈은 『주식회사 르브론 제임스』를 만나 다시 불이 지펴졌다. 농구 선수로서 르브론의 성공이 아니라 그의 사업적 성과를 다룬 이 책은 경제 분야에도 관심 있던 나에게 흥미롭게 다가왔다.

　마이클 조던 vs. 르브론 제임스. NBA 역사상 최고의 선수를 꼽으라면 사람들은 두 명 중 한 명을 꼽을 것이다. 5년 전만 해도 대부분이 마이클 조던을 외쳤겠지만, 이제 그중 누군가는 르브론 제임스라고 외칠 수도 있다. 고등학교 시절부터 누구보다 많은 관심과 높은 기대를 받으며 등장한 르브론은 지난 20년간 대중의 기대치를 채우고도 충분히 뛰어넘었다. 고등학교 시절 마이클 조던을 마치 우상처럼 숭배했던 나는 그가 자칭 〈킹 제임스〉라는 별명으로 불리며 조던의 등 번호인 23번 유니폼을 입고 NBA에 진출하는 모습이 그리 달갑지 않았다. 하지만 그는 〈나〉 위주 플레이를 즐기던 다른 선수들에 비해 〈팀〉 위주와 〈패스〉로 경기를 이끌었다. 그의 플레이 방식은 차츰 인정받았고, 인성적으로도 그는 많은 이에게 존경받았다. 하지만 농구가 아닌 사업을 시작하면서는 여러 차례 비판을 받기도 했다. 하지만 자신의 신념으로 친구들과 함께 사업적으로 성장해 가는 모습이 다시 한번 존경스러웠다.

보통 성공한 운동선수들이 친구나 가족, 지인들을 본인의 사업에 끌어들이며 실패하는 사례가 많다(많은 돈을 벌던 선수들이 파산 신청을 하는 이유 중 하나는 항상 가족과 지인들이 관련되어서다). 르브론이 친구들과 함께 사업을 시작한다고 했을 때 그들은 미디어로부터 많은 비난을 받아야만 했다. 특히 그를 시기하거나 보수적인 백인들은 그가 실패하기를 원했던 것 같다. 하지만 그와 친구들은 여러 번의 실패와 좌절에도 굴하지 않고 꾸준히 자신들의 사업을 성장시켜 나갔고, 결국 많은 분야에서 상당한 성공을 이뤄 냈다. 운동선수 대부분이 이뤄 내지 못했던 사업들을 그들은 성공시켰다. 어떻게 그럴 수 있었을까?

르브론에 관한 책은 많다. 저자가 쓴 또 다른 르브론 책은 베스트셀러가 되기도 했다. 하지만 그 책은 르브론이 그의 고향

팀인 클리블랜드 캐벌리어스를 어떻게 우승시켰는지를 다룬 책이다. 40대에 접어든 나는 이런 그의 화려한 농구 실력에 대한 책도 흥미 있지만, 개인적으로 르브론이 농구 코트 밖에서 어떻게 사업을 성공시켰는지가 더 궁금했고, 최근 자산 증식에 관심이 많은 한국 독자들도 그런 부분에 더욱 관심을 느끼지 않을까 생각했다.

책에서 알 수 있는 바와 같이, 르브론이 사업을 선택할 때 고려하는 것은 크게 세 가지다. 자신이 좋아하는 분야인가? 장기적으로 사업을 유지할 수 있는가? (다른 이들에게 끌려다니지 않고) 스스로 통제권을 가질 수 있는 사업인가? 어떻게 보면 이 세 가지는 같은 맥락 안에 있다고 볼 수 있다. 내가 원하는 것을 할 때 사업을 장기적으로 이끌어 나갈 수 있을 것이고, 역시 내가 계속 컨트롤할 수 있는 사업이어야 장기적으로 주인 의식을 가지고 원하는 것을 성취할 수 있지 않을까? 이런 경제적 개념이 지금은 그나마 익숙해 보일 수도 있지만 1984년생인 르브론이 2010년 초기에 이 같은 생각으로 사업을 시작했을 때는 비판의 목소리도 들어야 했다.

세계적 농구 선수 마이클 조던뿐만 아니라 그 어떤 운동선수도 생각하지 않았던 사고의 전환이었고, 〈운동선수〉가 자신의 소신을 가지고 본인이 선택한 친구들을 이끌며 사업에서 성공한 사례가 많지 않은 시기였다. 아무리 뛰어난 운동선수라 할지라도 싱글 맘 밑에서 정부 지원을 받으며 자란 흑인 운동선수가 보수적인 비즈니스 세계에 뛰어들었을 때 많은 편견을 이겨 내야만 했으리라. 더욱이 빈민가 출신 동네 친구들과 동업하고 새로운 시장을 개척할 때마다 많은 장벽이 그들을 가로막았다. 하지만 그는 유명세를 잘 이용할 줄 알았고, 자신의 장단점, 자신이 좋아하는 것과 싫어하는 것을 제대로 파악하는 통찰력을 가지고 있었다. 그리고 그는 자신의 장점과 좋아하는 것을 잘 이용해 결국 사업에서도 성공했다.

얼마 전 한국에서도 유명인들이 이 같은 방식으로 사업을 해나가는 모습이 심심치 않게 보이기 시작했다. 어느 유명 래퍼가 소주 회사와 손잡고 자신의 소주 브랜드를 만들어 소위 대박을 터뜨렸다. 유명인이 자신만의 고유한 캐릭터와 이미지를 바탕으로 개인 채널을 만들어 수익을 창출하기도 하고, 영화배우들은 높은 출연료만이 아닌 영화에 적극적으로 투자해 흥행에 따른 긍정적 시너지를 얻기도 한다. 또 자신이 추구하는 바나 좋아하는 분야를 공략해 새로운 시장을 개척하는 경우도 있다. 이것은 비단 유명 연예인만의 사업 방식이 아니라 다양한 맥락에서 보이는 듯하다. 최근 기업의 가치, 지속 가능성을 좌우하는 ESG, 미래 잠재 가능성 등을 고려해 직장 또는 투자처를 선택하는 직장인과 투자자가 늘고 있다. 이제는 취업자나 이직자도 단순히 대기업만 선호하는 것이 아니라 미래 가치를 판단해 스타트업이나 ESG 경영 기업에 관심을 돌리고 있다. 상장될 경우 회사의 지분을 받을 수 있는지, 자신의 신념과 회사의 이념이 유사해 함께 성장할 수 있는지 등을 따진다. 나 역시 비슷한 생각으로 이직했고, 연봉 협상 시 기업 가치를 생각해 월급보다 주식을 더 많이 받는 베팅을 했다. 다행히 그 판단이 나쁘지 않았음을 확인하고 있다. 눈 앞의 연봉이나 보너스, 계약금보다 회사의 주식이나 지분 등을 받고 자신 또한 기업의 투자자, 기업의 주인 의식을 갖고자 하는 이들에게 태평양 건너 유명 스포츠인이 어떻게 그의 유명세와 인지도를 통해 스포츠 사업을 키워 냈는지 이야기해 주고 싶었다.

한국에서도 르브론의 사업적 능력과 스토리는 많은 독자가 관심 가질 이야기이며 특히 지금 시대에 알맞은 생각이라 생각한다. 비록 첫 번역이라 부족한 점이 많겠지만 르브론의 끝없는 노력에 중점을 두고 독자들이 읽어 주길 바라며 〈신인〉 옮긴이에게 번역이라는 기회를 준 열린책들, 그리고 번역하는 데 큰 도움을 준 가족, 특히 아내 은희(그녀 없이는 〈신인〉 번역가도 될 수 없었을 것이기에)에게 감사의 뜻을 꼭 전하고 싶다.

에이전트 애런 굿윈(왼쪽)은 르브론을 위해 나이키, 코카콜라와 거액의 거래를 성사시켰다. 2003년 로스앤젤레스의 포럼 경기장에서 나이키 광고 촬영 직전에 찍은 사진이다. (사진 스티브 그레이슨/와이어이미지)

르브론과 매버릭 카터는 어렸을 적부터 알고 지낸 사이다. 그들의 관계는 신뢰와 의리, 그리고 기회를 극대화하고자 하는 갈망으로 형성되었다. 그들은 함께 실패하고 함께 성공했다. 2016년 토론토에서 열린 올스타 행사에 참석한 사진이다. (사진 조지 피멘텔/와이어이미지)

르브론과 그의 친구들은 스스로를 〈네 명의 기사〉라고 부르며 사진을 찍을 때마다 이와 같은 손짓을 하며 서로에 대한 충성심을 다졌다. 소수의 사람만이 그들의 내부 모임에 들어갈 수 있었다. 그중 한 명인 웨스 웨슬리(르브론의 왼쪽 뒤)가 르브론을 힙합 아티스트 제이지에게 소개했다. 카터, 리치 폴, 웨슬리, 르브론, 그리고 제이지가 2007년 제이지의 40/40 클럽 개장을 축하하고 있다. (사진 조니 누네즈/와이어이미지)

풀 와처(왼쪽은 매버릭 카터)는 10년 이상 르브론과 함께하며 르브론의 사업에 소중한 인맥을 소개해 준 최고의 협상가였다. 그와 카터는 르브론을 위해 수많은 거래를 성사시켰다. (사진 앨런 베레좁스키/와이어이미지)

르브론은 2006년부터 세계적으로 유명한 투자자 워런 버핏과 관계를 유지했다. 2014년 클리블랜드에서 열린 이 경기를 포함해, 버핏은 르브론을 응원하기 위해 여러 경기를 방문했다. (사진 데이비드 리엄 카일/NBAE 게티이미지)

지미 아이오빈(왼쪽)과 르브론은 수년째 탄탄한 관계를 유지했다. 이들의 첫 프로젝트 중 하나인 2009년 다큐멘터리 「모어 댄 어 게임」의 OST 음반 발매를 메리 J. 블라이지(오른쪽)와 함께 축하하고 있다. (사진 조니 누네즈/와이어이미지)

2008년 베이징 올림픽은 르브론과 그의 파트너들에게 중요한 마케팅 기회였다. 〈리딤 팀〉(이전 올림픽에서 따지 못한 금메달을 만회한다는 의미)을 금메달로 이끈 르브론은 커리어의 정점에 섰으며, 이는 중국에서 그의 브랜드를 형성하는 데 도움을 주었다. (사진 제시 D. 개러브랜트/NBAE 게티이미지)

베이징 올림픽에서 르브론이 올림픽 팀 동료들에게 비츠 헤드폰을 준 것은 탁월한 선택이었다. 선수들은 이 헤드폰을 착용하고 도시 전역을 돌아다녀 마케팅 비용 없이 이 대형 헤드폰을 최신 유행품으로 만들었다. (사진 제시 D. 개러브랜트/NBAE 게티이미지)

2010년 〈더 디시전〉은 카터에게 아이디어를 제안했던 유명한 스포츠 방송인 짐 그레이(왼쪽)로부터 시작되었다. 코네티컷주의 그리니치에서 열린 쇼에서 찍힌 사진이다. 그가 그의 재능을 어디로 가져갈지 발표하기 직전 그레이가 대본을 일부 검토해 주고 있다. (사진 래리 부사카/에스타브룩 그룹을 위한 게티이미지)

2010년 12월 2일 (팀 이적 직후) 클리블랜드로 돌아와 치른 르브론의 첫 경기는 그의 인생에서 가장 스트레스가 많았던 순간 중 하나였다. 그는 항상 카터가 코트 사이드에 있을 때 더 안정감을 느끼는 듯했고, 이날은 특히 그가 필요했다. (사진 그레고리 샤무스/게티이미지)

2011년 르브론은 펜웨이 스포츠 그룹과 혁신적인 계약을 맺어 잉글랜드 축구 강호인 리버풀 FC의 소액 구단주가 되었다. 그는 그해 가을 경기 관람을 위해 클럽의 역사적 경기장인 안필드를 방문했다. (사진 앤드루 파월 / 리버풀 FC 게티이미지)

해외에서 그의 브랜드를 홍보하는 것은 10대 때부터 르브론과 그의 친구들의 관심사였다. 르브론이 2011년 런던에서 열린 나이키 행사에서 자신의 실력을 뽐내고 있다. (사진 딘 무타로풀로스 / 나이키를 위한 게티이미지)

르브론은 나이키와의 계약에 따라 매년 중국을 방문한다. 그는 수년간 중국 전역을 돌며 점점 더 유명세를 타기 시작했고, 농구 캠프를 개최하고 팬들과 미팅을 가지거나 사진을 찍기 위해 포즈를 취하기도 한다. 2017년 베이징 나이키 매장 앞에 모인 수천 명의 팬 사이에서 르브론이 셀카를 찍기 위해 포즈를 취하고 있다. (사진 VCG/VCG 게티이미지)

르브론과 크리스 폴은 수년간 좋은 친구로 지내고 있다. 2009년 르브론의 고향인 오하이오주 애크런에서 열린 르브론의 자전거 마라톤 대회에 참석한 르브론과 크리스 폴이다. 이런 행사들이 수천 명에 이르는 어린이의 삶을 바꿀 재단 창립의 시작이었다. (사진 데이비드 리엄 카일/NBAE 게티이미지)

2018년 르브론이 LA로 이적한 이유 중 하나는 엔터테인먼트 사업에 더 가까워지기 위해서였다. 이적 초반 레이커스 경기에 종종 참석했던 매버릭 카터와 지미 아이오빈은 향후 콘텐츠 사업에 대한 큰 계획을 가지고 있었다. (사진 앨런 베레좁스키/게티이미지)

지은이 브라이언 윈드호르스트 Brian Windhorst
ESPN 소속 농구 전문 기자. 2003년부터 2010년까지 클리블랜드 지역 신문사에서 클리블랜드 캐벌리어스 취재 기자로 활동했다. 르브론 제임스와는 고향 친구로서 그를 고등학교 시절부터 취재해 왔다. 스포츠 기자들 중에서도 르브론 제임스를 가장 잘 알고 친분이 두터운 것으로 알려져 있다.
주요 저서로는 뉴욕 타임스 베스트셀러에 오른 『왕의 귀환: 르브론 제임스, 클리블랜드 캐벌리어스, 그리고 NBA 역사상 최고의 컴백』이 있으며, 그외 르브론 제임스와 관련된 책 2권을 저술하였다.

옮긴이 대니얼 김 Daniel Kim
조지아 공과대학 경제학과, 샌타클래라 로스쿨을 졸업하고 현재 한국에서 변호사로 일하고 있다. 한국 대기업을 시작으로 금융계, 로펌, 독일계 글로벌 기업에서 근무했다. 해외 본사와 지사의 중간 다리 역할을 하면서 다른 나라의 문화와 경제에 대한 이해도를 높였다. 현재 세계적 전기 자동차 회사의 한국 지사에서 법무 팀을 도맡고 있다. 가족과 함께 미국 전역의 모든 NBA 경기장을 방문해 경기를 관람하는 것이 꿈이며 이와 더불어 아들을 위한 멋진 동화책 번역을 꿈꾼다.

주식회사 르브론 제임스

지은이 브라이언 윈드호르스트 **옮긴이** 대니얼 김 **발행인** 홍예빈·홍유진
발행처 사람의집(열린책들) **주소** 경기도 파주시 문발로 253 파주출판도시
대표전화 031-955-4000 **팩스** 031-955-4004
홈페이지 www.openbooks.co.kr **email** webmaster@openbooks.co.kr
Copyright (C) 주식회사 열린책들, 2022, *Printed in Korea.*
ISBN 978-89-329-2283-6 03320 **발행일** 2022년 8월 15일 초판 1쇄